MENTALIZZARE NELLA COMUNICAZIONE COL CLIENTE

la prima cosa da fare, ma che vuol dire? e come si fa?

Quaderni di empowerment dell'agente di commercio

di Adele Bianchi, Parisio Di Giovanni,
Eugenio Di Giovanni

Really New Minds
in collaborazione con ATSC

Titolo: Mentalizzare nella comunicazione col cliente
La prima cosa da fare, ma che vuol dire? e come si fa?

Autori: Adele Bianchi, Parisio Di Giovanni, Eugenio Di Giovanni

Copertina: Adele Bianchi

© 2017 Parisio Di Giovanni
tutti i diritti riservati

ISBN-13: 978-1979678568

ISBN-10: 1979678561

Quaderni di empowerment dell'agente di commercio

La collana nasce dalla collaborazione dello spin-off universitario Really New Minds con l'ATSC, Agenti Teramo Senza Confini. È formata da libri agili, di facile lettura e al tempo stesso rigorosi, basati su conoscenze che oggi abbiamo grazie anche alla ricerca scientifica. L'intento è contribuire a qualificare sempre più l'attività dell'agente, stimolando la riflessione e fornendo strumenti utili, che possono migliorare le prestazioni nella pratica quotidiana.

Prefazione

Nella comunicazione con il cliente affidarsi a tecniche standard o seguire strategie prestabilite non è consigliabile. Può risultare addirittura controproducente. Conviene regolarsi a seconda della situazione e gestire la comunicazione a feedback.

In queste situazioni ciò che più conta è quel che le persone pensano e sentono. La prima cosa da fare perciò è mentalizzare, cogliere cosa accade nel lato mentale dell'esperienza. Solo così siamo orientati e possiamo agire momento per momento in modo adeguato.

Siamo naturalmente dotati di abilità che ci consentono di mentalizzare già da piccoli. Andando avanti affiniamo questa capacità, anche grazie all'esperienza. Per chi svolge attività come quella dell'agente di commercio mentalizzare è un arte professionale, maturata giorno dopo giorno.

Le nostre prestazioni però possono migliorare se sappiamo come funzionano comunicazione e mentalizzazione. La ricerca scientifica, specie negli ultimi anni, ha chiarito molte cose a riguardo. Se abbiamo in mente i punti fondamentali, possiamo operare in modo più consapevole e imparare a decifrare aspetti complessi che solitamente tendono a sfuggire.

Soprattutto saremo più attenti a gestire noi stessi e il clima relazionale, in modo da evitare certe condizioni che capitano spesso e che quando capitano ci fanno diventare improvvisamente incapaci di capire cosa sta succedendo, nonostante il patrimonio di abilità che abbiamo. Quella dell'agente di commercio è una attività, in cui paradossalmente proprio il fatto che la relazione conta facilita il crearsi di condizioni che rendono difficile mentalizzare e gestire la comunicazione.

In fondo al libro troviamo ricapitolati consigli pratici, che si ricavano dalla conoscenza della comunicazione e della mentalizzazione. Vengono suggeriti anche esercizi per sviluppare due abilità decisive.

Il libro è il primo della collana *Quaderni di empowerment dell'agente di commercio*, che nasce dalla collaborazione dello spin-off universitario Really New Minds con l'associazione ATSC, Agenti Teramo Senza Confini.

gli Autori

Really New Minds è uno spin-off universitario. Prende le mosse dalla ricerca sulle nuove esigenze formative e organizzative legate alle sfide che i cambiamenti del mondo di oggi portano con sé. Sulla base di queste ricerche mira a sviluppare applicazioni di vario tipo e in vari campi, dall'uso dei media e delle nuove tecnologie alla gestione aziendale, la sanità, l'istruzione, la formazione degli adulti, al marketing e alla comunicazione.

L'associazione Agenti Teramo Senza Confini opera da anni per offrire ai propri associati e all'intera categoria degli agenti di commercio l'opportunità di formarsi e aggiornarsi professionalmente attraverso un continuo processo di qualificazione. Vede nell'alta formazione un'occasione per ripensare la figura dell'agente di commercio e riconoscergli quel ruolo fondamentale che assume nell'attuale contesto socio-economico.

Indice

	pagina
Una cattiva notizia: le tecniche possono essere controproducenti	7
Per gestire la comunicazione dobbiamo prima mentalizzare	8
Perché non ci sono le parole giuste?	10
Come mai essere preparati può rivelarsi un handicap	13
Ma facciamo fatica ad aggirare	14
Una buona notizia: siamo dotati di vista mentale	17
Un'altra cattiva notizia: la vista mentale non sempre funziona	19
Un'altra buona notizia: studiare può aiutarci	20
Leggere la mente per far funzionare la conunicazione	21
Perché non diciamo tutto?	22
La pioggia di segnali	25
Conoscere il contesto e la vita	26
Le menzogne implicite	27
I molti sensi da afferrare	29
Afferrare molti sensi per gestire la comunicazione	32
Quando cominciamo a leggere la mente da bambini	34
Dall'empatia primaria a un'arte sempre più raffinata	37
Come l'ansia sociale ci trascina nella cecità mentale	42
Quando la tensione sociale causa opacità	45
La forza della cortesia	46
Circoli viziosi e virtuosi	48
Attaccati ai piani e agli obiettivi	49
Quando le emozioni ci tradiscono	50
Quando le emozioni ci aiutano	51
Ricapitoliamo alcuni consigli pratici	53
Un'esperienza che può aiutarci: tenere diari della cortesia e scortesia	53
Imparare a decentrarsi con l'effetto sé-altro	56
APPENDICE	59
LAVORI CITATI	60

Una cattiva notizia:
le tecniche possono essere controproducenti

Per un agente di commercio gestire con successo la comunicazione col cliente è impegnativo. A volte pensiamo che basti affidarsi a tecniche, a pratiche consolidate, protocolli da seguire, strategie da attuare. È un'illusione.

Credere che sia così è consolatorio, ci tranquillizza, ci fa sentire capaci di affrontare il problema, ben equipaggiati, dotati degli strumenti che servono. La realtà però è diversa.

Quelle tecniche su cui riponiamo la nostra fiducia non possono esserci di grande aiuto. Al contrario possono essere controproducenti: proprio il fatto che abbiamo in mente quelle tecniche finisce per rendere tutto più difficile nel rapporto col cliente e può addirittura portarci al fallimento.

In circolazione ci sono tecniche banali, a volte al limite del ridicolo, insegnate in corsi e libri venduti ai venditori. È il caso, ad esempio, delle istruzioni sulle parole da dire e da non dire, le "magiche" e le "tossiche". Sono tecniche queste basate su teorie spacciate per scientifiche, ma che con la scienza non hanno nulla a che vedere.

Rischiano di essere controproducenti anche tecniche e strategie più serie che un agente di commercio può avere in mente. Ad esempio, conoscere punti di forza e debolezza del prodotto che proponiamo, sapere qual è la situazione del cliente, avere informazioni sul mercato e su altre cose di rilievo può portarci a decidere una precisa strategia di comunicazione. Metteremo in evidenza certe cose, sorvoleremo su altre, saremo pronti a rispondere in un dato modo a obiezioni possibili, seguiremo un certo percorso e così via.

Strategie del genere in linea di massima sono serie. Averle vuol dire arrivare dal cliente preparati. Eppure proprio il fatto di avere in mente queste strategie, di essere preparati e concentrati su cosa fare può essere la cosa che ci impedisce di fare quel che è meglio fare per gestire la comunicazione e arrivare al goal. Come mai?

Per gestire la comunicazione dobbiamo prima mentalizzare

Quando comunichiamo con un'altra persona o più in generale interagiamo, cioè rispondiamo l'uno alle azioni dell'altro, c'è un lato esterno e c'è un lato interno. La vignetta ce lo illustra con semplicità.

Il lato esterno è quello dei comportamenti manifesti, di ciò che facciamo e diciamo. Il lato interno è mentale: dentro c'è tutto quello che pensiamo mentre facciamo e diciamo.

DISTINGUIAMO COMUNICAZIONE E INTERAZIONE

È divenuta popolare la tesi che ogni comportamento è comunicazione e che perciò "non si può non comunicare". Questo è il primo degli assiomi della Scuola di Palo Alto, che ormai più di mezzo secolo fa ha cercato di elaborare una teoria generale della comunicazione [1]. La tesi circola come se fosse ancora accettata, mentre non è più ritenuta valida negli studi sulla comunicazione. È storia. Dov'è l'errore? Si fa confusione tra interazione e comunicazione. Ogni volta che una persona fa qualcosa in presenza di un'altra, quest'altra ne trae delle informazioni e in qualche modo ne è influen-

continua ▶▶▶

zata. Se zoppico per via dell'artrosi, chi mi vede può farsi l'idea che ho qualche problema e potrebbe anche essere indotto a darmi una mano mentre scendo per le scale. Non è detto però che io stia comunicando. C'è comunicazione solo se ho lo scopo di trasmettere informazioni. Così, se accentuo il mio zoppicare e con altri segnali lascio intendere che mi serve aiuto, allora sto comunicando, non sto semplicemente interagendo.

Capiamo che la comunicazione è un caso particolare di interazione. Nella vita sociale, quando abbiamo a che fare con gli altri, interagiamo sempre. Non sempre però comunichiamo. Non ogni interazione è comunicazione. Qui sbagliava la Scuola di Palo Alto.

Non è un errore da poco, perché la comunicazione è un tipo d'interazione del tutto particolare, con una sua struttura e sue modalità, assai complesse, frutto dell'evoluzione, della socializzazione, delle influenze culturali.

Il lato interno, quello mentale, è la parte principale di un'interazione o di una comunicazione. Prevale come quantità, perché i comportamenti di facciata sono poca cosa rispetto a tutti i pensieri che ci sono dietro. Oltre tutto questi possono dilatarsi, a volte enormemente, se le persone cominciano a chiedersi cosa c'è dietro la facciata o si interrogano su ciò che uno pensa di ciò che l'altro pensa. Interazione e comunicazione sono come iceberg, con un lato esterno che affiora e una massa sommersa che sta nelle menti dei partecipanti.

Oltre che preponderante, il lato mentale è il più importante, quello che realmente conta. Immaginiamo di assistere a una scena come quella della vignetta. Non capiamo effettivamente che cosa sta accadendo durante la conversazione se non afferriamo che cosa pensano i due. La vicenda apparente, quella di facciata, è ingannevole. Sta accadendo ben altro e lo capiamo solo quando entriamo nelle menti.

Mettiamoci adesso nei panni di uno dei partecipanti. Ho bisogno di capire che cosa effettivamente mi sta dicendo l'altro, perché me lo sta dicendo, come si colloca nei miei riguardi, che tipo è. Ma come faccio a capirlo se non so cosa sta pensando?

Ho anche bisogno di esaminare me stesso, di rendermi conto di come mi sto muovendo. Devo coordinarmi con l'altro, partecipare in qualche modo al gioco della comunicazione e dell'interazione. Tutto poi è in evoluzione: un momento dopo non è più come un momento prima. C'è una vicenda che va avanti e io ho bisogno di capire come si sviluppa. Diversamente non so dove mi trovo. E come faccio a prendere decisioni, a decidere come comportarmi? Devo per forza decifrare il lato mentale e lo devo fare costantemente, passo dopo passo.

Stiamo dicendo che chi partecipa a una comunicazione, per gestirla, deve *mentalizzare*. Con questo termine tecnico si indica abitualmente il fatto di vedere l'ambiente sociale intorno a noi come un insieme di rappresentazioni mentali, una mappa in continua evoluzione in cui c'è quel che pensa uno e quel che pensa l'altro, al di là di quello che ognuno dice e fa e a prescindere da quel che secondo noi è la realtà.

Perché non ci sono le parole giuste?

La risposta è semplice: perché ogni parola che pronunciamo cade in un contesto mentale e il suo significato dipende da questo contesto. Ad esempio, "sì" può voler dire "sono d'accordo" oppure "lo faccio" come può voler dire "smettila" o "che sciocchezza hai detto!".

Nell'ultimo caso siamo nell'ironia, che può essere spinta fino al sarcasmo. Quando ironizziamo diciamo il contrario di quello che pensiamo. Come le ricerche sperimentali di psicologia hanno dimostrato, l'altro di solito afferra immediatamente l'ironia, senza bisogno di ragionare [2, 3]. Il tono di voce, il ritmo lento con sillabe scandite, l'enfasi su parole o parti di parole, i suoni nasali ci fanno capire immediatamente che chi parla sta facendo il verso a qualcuno che dice sciocchezze. Attenzione però, quando afferriamo l'ironia, siamo andati al di là delle parole, abbiamo oltrepassato la facciata e siamo entrati nel lato mentale.

Tanto per fare un altro esempio, "buongiorno" può voler dire "piacere di vederti". Potrebbe significare però "era ora che arrivassi!" o "sei rimasto ancora a quel punto". Tutto dipende dal lato mentale: le parole possono dire qualsiasi cosa. Negli scambi della vita reale non significano semplicemente quel che significano secondo i dizionari.

ADDIO ALLE ICONE INTENZIONALI DEL REGNO ANIMALE

La stragrande maggioranza degli animali comunica usando icone intenzionali [4]. Possiamo capire che cos'è un'icona intenzionale pensando alle icone che ci permettono di dialogare col computer. Sappiamo che se clicchiamo su una data icona, il computer farà una data cosa. Non abbiamo alcun bisogno di attribuire al computer pensieri e cercare di capire che cosa pensa quando decidiamo di cliccare. Quando assistiamo a certe interazioni comunicative tra animali, siamo portati a credere che uno pensa qualcosa di quel che l'altro pensa. Ad esempio, i galli, se una gallina si allontana, per farla tornare lanciano *food calls*, richiami che indicano che c'è del cibo [5]. Lo fanno a volte anche se il cibo non c'è. Di fronte a un comportamento del genere ci viene spontaneo attribuire al gallo una serie di pensieri su di sé e sulla gallina.

Il gallo, diciamo, vuole far avvicinare la gallina. Pensa che la gallina desideri il cibo. Pensa anche che la gallina, sentendo il richiamo, penserà che il gallo la chiami perché c'è il cibo, non per altro.

continua ▶▶▶

In realtà le cose sono molto più semplici. Il gallo si comporta come davanti a un computer. Vede l'icona "gallina lontana che razzola nell'aia". Sa che in presenza di questa icona, se lancia *food calls*, la gallina si avvicina. Quindi lancia *food calls*.

Noi attribuiamo al gallo tutte quelle riflessioni e quei ragionamenti, perché siamo abituati alla nostra esperienza umana di comunicazione. Gli esseri umani infatti, quando comunicano, tendono a non usare icone, ma a fare riflessioni su ciò che accade nel lato mentale. Sono tra i pochi esseri viventi a comunicare così. Le ricerche scientifiche suggeriscono che probabilmente le scimmie antropomorfe, gli scimpanzé in particolare, fanno qualcosa di simile, anche se non proprio come noi.

Come mai abbiamo detto addio alle icone intenzionali? La ragione principale è che nella nostra vita sociale il nesso icona-azioni è diventato aleatorio. Le icone funzionano se mettono in grado un individuo di prevedere con relativa sicurezza quale azione l'altro farà in risposta a una sua azione. Ci vuole un nesso abbastanza sicuro tra l'icona e le azioni collegate, cioè l'azione di un individuo e l'azione di risposta dell'altro.

Nelle società umane il nesso icona-azioni è aleatorio perché le persone si comportano di volta in volta come decidono di comportarsi, anche se ci sono regole sociali. In realtà noi non possiamo mai essere del tutto sicuri di come l'altro reagirà. Questo accade anche nelle società di scimmie, seppure non in modo così spinto come nelle nostre. Si dice che si tratta di società individualizzate, dove l'individuo è centrale ed è imprevedibile.

Il passaggio alle società individualizzate ha portato con sé enormi vantaggi. Ad esempio, è grazie al fatto che le nostre società sono così che riusciamo ad adattarci ai cambiamenti ambientali e sopravvivere. Se le nostre non fossero società individualizzate, saremmo spariti da tanto tempo. Ci troviamo però a fare i conti col fatto che i comportamenti degli altri non sono scontati e dobbiamo riuscire a cavarcela. Ecco che non abbiamo scampo. Abbiamo detto addio alle icone e non possiamo far altro che cercare di capire che cosa accade nelle menti delle persone, dobbiamo mentalizzare.

Credere che esistano parole giuste e parole sbagliate vuol dire non aver capito come funziona la comunicazione umana. Se comunicassimo per icone, avremmo parole giuste e parole sbagliate e tutto sarebbe più semplice. Non è così però. La nostra gestione della comunicazione si basa sulla mentalizzazione e dobbiamo regolarci di volta in volta a seconda della realtà mentale che vediamo.

Come mai essere preparati può rivelarsi un handicap?

Arrivare preparati a un incontro è in sé un fatto positivo. Può però rendere difficile la mentalizzazione, può diventare il motivo per cui non riusciamo a decifrare bene quel che accade nel lato mentale. Corriamo così il rischio di fare azioni sbagliate, non adatte alla situazione in cui realmente siamo. Ad esempio, ci accontentiamo di meno, mentre c'era lo spazio per avere di più. Se solo avessimo mentalizzato, l'avremmo capito e ci saremmo regolati di conseguenza.

Ma perché essere preparati può rendere difficile mentalizzare? Può accadere che restiamo concentrati su tutto ciò che abbiamo pensato: le leve, le strategie, i discorsi, ecc. Come risultato finiamo per essere ripiegati su noi stessi, mentre dovremmo uscire da noi per guardare nelle menti degli altri.

C'è un altra difficoltà. La preparazione ci spinge a guardare alla comunicazione che stiamo vivendo come a un problema da affrontare e risolvere. Per mentalizzare invece dobbiamo considerarla un'esperienza di relazione, non un problema.

Solitamente facciamo fatica a orientarci contemporaneamente sui problemi e sulle relazioni. Abbiamo due cervelli, un emisfero più adatto a lavorare sui problemi e un altro emisfero più adatto a lavorare sulla relazione. Usarli contemporaneamente, sfruttarne le potenzialità scivolando velocemente dall'uno all'altro non è cosa che facciamo normalmente. In questo le donne mediamente sono un po' più brave degli uomini e ci sono persone che riescono meglio ed altre peggio [6, 7]. Comunque è qualcosa di impegnativo.

Qualche volta accade che la situazione richiede di abbandonare o modificare opportunamente certe strategie ideate. Senonché, proprio perché siamo ben preparati, tendiamo a essere rigidi, ancorati alle strategie ideate. Se a questo uniamo la difficoltà a mentalizzare, ecco spiegato come possiamo cadere anche in errori grossolani.

Che la preparazione possa rivelarsi un handicap non significa ovviamente che non conviene essere preparati. Semmai vuol dire che bisogna riuscire a dimenticarsi della preparazione pur avendola ben in mente, a buttarla via e intanto farne tesoro. Come? È l'arte di pensare doppio, fondamentale nella gestione della comunicazione.

Ma facciamo fatica ad aggirare

Mentalizzare è essenziale. Se non ci facciamo la mappa di ciò che i nostri interlocutori hanno in mente e ciò che noi abbiamo in mente e se non la teniamo sempre aggiornata, non possiamo gestire la comunicazione. C'è però un problema: per mentalizzare dobbiamo fare un aggiramento e aggirare può essere arduo per chi punta a un obiettivo. Ma che cos'è un aggiramento?

A introdurre la nozione di aggiramento è stato Wolfgang Köhler, in un classico della storia della psicologia del 1917, dove riferisce dei suoi studi su scimpanzé e altri animali alle prese con problemi da risolvere [8]. Immaginiamo di essere interessati a un oggetto che si trova al di là di una rete lunga qualche metro, proprio al centro. Per arrivare a prenderlo dobbiamo girare intorno alla rete. Questo comporta che in un primo tempo ci allontaniamo dalla nostra meta, in modo da superare l'ostacolo che si frappone fra noi e la meta e raggiungere alla fine la meta. Abbiamo fatto un aggiramento.

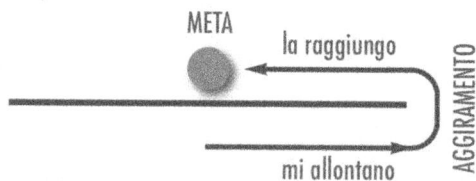

Per superare la rete facciamo un aggiramento spaziale, che per un essere umano è banale e scontato. Le galline però in una situazione del genere stentano ad aggirare. Se di là c'è del cibo e la rete è abbastanza lunga, continuano a puntare sul cibo e non rie-

...ma noi non siamo galline!

scono ad allontanarsi. Resteranno senza mangiare per la loro incapacità di aggirare.

Köhler vide che per un cane l'aggiramento della rete non presenta difficoltà. Per il cane però era impegnativo fare un aggiramento spaziale più complesso. Se stava dietro il vetro di una finestra e vedeva del cibo in cortile, puntava il vetro, si agitava, guardava le persone presenti. A un certo punto, finalmente capiva: si allontanava dalla finestra, andava verso la porta e faceva tutto il cammino per arrivare in cortile.

Per le scimmie l'aggiramento spaziale della finestra è scontato. Uno scimpanzé, messo nella stessa situazione, come farebbe uno di noi, andava a prendersi il cibo senza esitare. Tuttavia gli scimpanzé avevano difficoltà a fare aggiramenti spaziali in situazioni ancora più complesse, dove l'ostacolo da superare non era una barriera, ma una distanza.

Una banana era appesa a una corda, troppo in alto per essere raggiunta. Lo scimpanzé la guardava, saltava nel tentativo di afferrarla. Solo dopo qualche tempo smetteva di fare queste azioni inutili e cominciava a guardarsi intorno, a cercare oggetti che potessero servire a far da scala, magari messi l'uno sull'altro.

Gli esseri umani solitamente non incontrano difficoltà negli aggiramenti spaziali, anche se complessi. Facilmente vanno in crisi però con gl aggiramenti mentali e gli aggiramenti sociali.

Negli aggiramenti mentali dobbiamo smettere di pensare a qualcosa cui teniamo per pensare a qualcos'altro. Grazie al fatto che la orientiamo altrove, la nostra mente riesce a risolvere il problema che ci sta a cuore, che diversamente non risolverebbe.

Negli aggiramenti sociali, in genere ancora più impegnativi, dobbiamo lasciar perdere il nostro problema per concentrarci su quel che accade nel rapporto con gli altri, nella vita sociale o nella società più ampia. Se non capiamo che cosa sta succedendo a livello sociale, non possiamo fare le mosse giuste e siamo perdenti.

Quando nell'interazione e comunicazione con il cliente mentalizziamo, aggiriamo. Invece di stare attaccati alla meta, ci mettiamo a decifrare il lato mentale dell'esperienza che stiamo facendo col nostro interlocutore. A ben guardare, facciamo al tempo stesso un aggiramento mentale e sociale. Smettiamo di far lavorare la nostra mente sul problema che ci sta a cuore, quello di arrivare al risultato, e la spostiamo verso un serio lavoro di gestione della comunicazione. Nella misura in cui ci costruiamo la mappa mentale della situazione e cerchiamo di intervenire nel rapporto con l'altro, facciamo un aggiramento sociale.

Se ci affidiamo semplicemente a tecniche, ci comportiamo come le galline davanti alla rete o il cane dietro la finestra o lo scimpanzé sotto la banana. Certo abbiamo la scusante che l'aggiramento che dobbiamo fare è molto più impegnativo, perché non è spaziale, ma mentale e sociale.

C'è poi la posta in gioco. Più è alta, più teniamo a raggiungere il nostro obiettivo, più per noi è difficile aggirare. Teniamo molto a concludere l'affare, siamo concentrati su questo, mentre per aggirare dobbiamo dedicarci ad analizzare il lato mentale dell'interazione, a mentalizzare.

Dobbiamo essere capaci di distacco. Ci viene chiesto di uscire mentalmente dalla situazione per osservarla dall'esterno, come uno spettatore disinteressato, dimenticandoci dell'affare. Desideriamo concludere un affare, ma per mentalizzare deve prevalere in noi il bisogno di conoscere, di decifrare la situazione che stiamo vivendo. In un certo senso dobbiamo, almeno per il momento, fare i filosofi. Ci aiuta a capire in che senso un aforisma attribuito a Pitagora: "c'è chi va alla festa per fare affari e chi va per divertirsi, il filosofo va per guardare".

Distaccarsi, fare gli spettatori, i filosofi. Com'è possibile, se siamo lì per concludere l'affare? Può aiutarci la consapevolezza del rischio. Se ci concediamo pause in cui smettiamo di concentrarci sull'affare, corriamo il rischio di farcelo sfuggire. Tuttavia, se non mentalizziamo, il rischio che corriamo verosimilmente è maggiore.

Si tratta di capire che il rischio c'è comunque, che siamo esposti e che tutto quello che possiamo fare è prendere la via che ci dà più probabilità di successo. Sintetizza bene questo modo di pensare una scena del film *Il primo cavaliere*. Lancillotto batte in duello il campione di un villaggio. Meravigliato di aver perso, questi gli chiede qual è il suo segreto. Lancillotto nomina alcuni colpi che usa fare, ma l'altro nota che usa farli anche lui. Allora Lancillotto dice la sua regola: "non ti deve importare di vivere o morire". Lancillotto ha l'arte del distacco, perciò è il più forte.

Indubbiamente aggirare per mentalizzare, specie quando la posta in gioco è alta, è arduo. Resta il fatto però che, se non aggiriamo, rischiamo di comportarci in modo poco efficace o controproducente.

Una buona notizia: siamo dotati di vista mentale

John Locke, filosofo del XVII secolo, dice: "La scena delle idee che costituisce i pensieri di un uomo, non può aprirsi alla vista immediata di un altro uomo". Ha ragione, nel senso che noi non possiamo scrutare dentro la mente di un'altra persona e vedere direttamente quel che c'è. Tuttavia abbiamo la sorprendente capacità di afferrare quello che gli altri provano e pensano a partire da indizi esteriori.

Guardiamo il dipinto di Georges de La Tour. Subito, anche se non conosciamo già il dipinto e il suo titolo, pensiamo che l'uomo

Il baro con l'asso di quadri di George de La Tour

sulla sinistra sta barando. Ci viene il sospetto che la signora di fronte deve aver capito qualcosa e che tra le due donne dev'esserci una certa intesa al riguardo. Il tizio sulla destra invece ci sembra proprio all'oscuro di quel che sta accadendo.

Se non troviamo niente di straordinario in un'esperienza del genere, è perché siamo abituati nella vita di tutti i giorni ad afferrare cosa provano e pensano gli altri anche solo guardando delle scene. A rifletterci però è un'abilità impressionante. Nel regno animale sembra che solo gli scimpanzé abbiano un'abilità del genere, seppure non come la nostra.

Si parla solitamente di *vista mentale*. Si usano anche le espressioni *lettura della mente* (*mindreading*) o *teoria della mente* (*theory of mind*), adoperate inizialmente negli studi sulle scimmie. L'espressione lettura della mente sottolinea il fatto che per noi le scene di vita, le conversazioni, le esperienze sociali sono come un libro aperto, in cui leggiamo ciò che gli altri hanno in mente. L'altra, teoria della mente, mette l'accento sul fatto che noi abbiamo una nostra concezione di come si manifestano gli stati mentali, grazie alla quale riusciamo in qualche modo a decifrarli.

Molto usato è il termine *empatia* (dal greco *en* = dentro e *páthos* = sentimento) che però, proprio perché usato molto, viene spesso inteso in modo vago o distorto. È la capacità di immedesimarsi prontamente nell'altro e rivivere i suoi stati d'animo, cosa che aiuta a rendersi conto di quel che prova e pensa. L'empatia ha a che fare con la vista mentale, nel senso che per leggere la mente degli altri occorre anche l'empatia.

La vista mentale è una dote naturale. Nasciamo con la strumentazione necessaria per leggere le menti, anche se poi cominciamo a usarla a partire dai 2-3 anni di età. Andando avanti, con l'esperienza, diventiamo lettori più bravi, andando ben oltre quello che la strumentazione naturale può darci. Questo specie se svolgiamo attività in cui la vista mentale è importante, come quella dello psicoterapeuta, del buon docente, il bravo leader o l'agente di commercio.

Ovviamente non sempre le conclusioni alle quali arriviamo con la nostra vista mentale sono esatte. Tuttavia la nostra abilità di lettura della mente funziona abbastanza da consentirci di cavarcela nella vita sociale. Senza questa capacità avremmo seri problemi, saremmo letteralmente disorientati.

Un'altra cattiva notizia: la vista mentale non sempre funziona

Abitualmente per noi è relativamente facile capire quel che gli altri hanno in mente. Abbiamo un equipaggiamento naturale di lettura della mente e abbiamo affinato questa abilità con l'esperienza. Capita spesso però che improvvisamente perdiamo la nostra vista mentale, cadiamo in uno stato di cecità mentale.

È come se in quei momenti tornassimo bambini. Abbiamo l'equipaggiamento naturale per leggere le menti, ma non riusciamo a usarlo bene. Siamo immersi nella comunicazione e nel rapporto con gli altri eppure non andiamo oltre la facciata, non vediamo il lato mentale.

Possiamo cadere in uno stato di cecità mentale per motivi legati a noi, a quel che pensiamo e a come ci poniamo nella situazione che stiamo vivendo. Spesso a farci perdere la vista mentale è il clima che viene a crearsi nel rapporto con gli altri. In effetti questo è decisivo, perché noi siamo buoni lettori della mente solo a patto che ci sia il clima giusto. Anche le differenze culturali possono ostacolare la vista mentale.

Che la vista mentale, questa nostra straordinaria dote, si possa perdere da un momento all'altro è una cattiva notizia. C'è da dire comunque che, se sappiamo quando corriamo il rischio di perderla, possiamo prendere contromisure. Chi ha ben chiaro quanto è importante mentalizzare ed è attento a evitare le condizioni che fanno perdere la vista mentale ha buone chances di gestire efficacemente comunicazione e interazione.

Un'altra buona notizia: studiare può aiutarci

Per gestire comunicazione e interazione occorre mentalizzare. Per mentalizzare occorre sapere come funziona la vista mentale, quando non funziona più e come fare per cercare di farla funzionare. Sono cose complesse, che la ricerca scientifica va chiarendo da pochi anni a questa parte. Per padroneggiarle, anche solo minimamente, bisogna studiare. Non abbiamo ricette elementari, siamo costretti a misurarci con la complessità.

C'è un vantaggio. Lo studio, già da solo, ci fa fare passi avanti. Se solo abbiamo fatto lo sforzo di chiarirci le idee sulla mentalizzazione e la vista mentale, le nostre abilità di gestione della comunicazione migliorano.

Certo queste abilità sono pratiche e per svilupparle bene occorre anche l'esercizio. Tuttavia oggi sappiamo che l'esercizio da solo non basta e che darsi competenze teoriche è il primo passo da fare per sviluppare abilità. Ce lo dicono ricerche internazionali sul procedimento ideale per sviluppare abilità.

Per ora studiamo, esploriamo il mondo delle conoscenze sulla mentalizzazione. Poi penseremo ai consigli pratici.

Leggere la mente per far funzionare la comunicazione

La comunicazione tra persone funziona grazie alla lettura della mente. Se mentre comunichiamo non ci leggessimo l'un l'altro la mente, non riusciremmo a intenderci, non capiremmo quello che l'altro vuole dirci. Come mai?

Il senso comune tende a credere che per capirsi basti inviare e ricevere segnali e codificare e decodificare messaggi. Per gli esseri umani non è così semplice. Capiamo perché se riflettiamo su un fatto: quando comunichiamo non diciamo mai tutto e di solito lasciamo non dette le cose più importanti che vogliamo dire.

Analizziamo questo breve scambio di battute.
- *Ho un cane*
- *Nel palazzo ce ne sono tre.*

Siamo in una agenzia immobiliare. Il cliente sta per prendere in affitto un appartamento. Dicendo "Ho un cane" vuol dire "È un problema il fatto che io abbia un cane? Il condominio o il proprietario possono crearmi problemi?". Queste domande sono il contenuto effettivamente rilevante del suo messaggio. Eppure non le fa. Si limita a dire "Ho un cane".

L'agente capisce immediatamente. Evidentemente è andato oltre le parole che ha ascoltato. La sua risposta è molto interessante. Possiamo tradurre il senso così: "Non c'è ragione di pensare che un nuovo cane non debba essere accettato senza problemi, visto che nel palazzo ce ne sono già tre".

Il cliente afferra che il cane non è un problema. Se è un attento lettore della mente, si rende conto però che la risposta dell'agente non gli dà la certezza e che, a essere scrupolosi, ci vorrebbe una verifica. Il condominio o il proprietario potrebbero al limite ritenere che quattro sono troppi o che il suo cane è di taglia troppo grande o molesto.

Anche quando usiamo segnali non verbali, per capire non possiamo limitarci a decodificare i messaggi. Il nostro interlocutore ha espresso più volte opinioni contrarie alla nostra. Lo fa per l'ennesima volta e noi rispondiamo con un gesto di approvazione fatto con la mano. Che vuol dire? Questa volta siamo d'accordo? Non ne posso più del tuo contraddittorio? Ti dò ragione, visto che vuoi sempre aver ragione?

Nella comunicazione attraverso i messaggi ci scambiamo informazioni espresse apertamente. È l'esplicito, il detto. Sotto c'è l'implicito, il non detto, fatto di informazioni non contenute nei messaggi, ma che i partecipanti alla comunicazione ricavano andando oltre i messaggi.

L'implicito di solito è più ricco dell'esplicito. Per rendersene conto basta notare quante parole occorrono per esplicitare l'implicito di "Ho un cane" o di "Nel palazzo ce ne sono tre". È anche la parte più importante: tendiamo a lasciare sottinteso proprio ciò che più conta. È evidente che non riusciremo a intenderci se non ci assistesse la vista mentale, grazie alla quale afferriamo cos'ha in mente l'altro nel dire quelle cose.

Perché non diciamo tutto?

Noi abbiamo a disposizione il linguaggio. Questo sistema di comunicazione è tipicamente umano, come ha sottolineato il linguista Chomsky [9]. Gli animali non lo usano, né sembrano in grado di impararlo. I tentativi di insegnare il linguaggio a scimpanzé, delfini, leoni marini hanno dato risultati deludenti. Quando si parla di linguaggio di animali, è solo un modo di dire, per indicare che certi loro modi di comunicare ricordano per certi aspetti il linguaggio.

Il linguaggio è straordinario e deve aver contribuito a dare una svolta all'evoluzione umana. I classici 16 tratti distintivi descritti dal linguista americano Charles Hockett aiutano a capire cosa si può fare grazie al linguaggio [10, 11. 12]. Uno dei tratti distintivi è l'apertura, il fatto che col linguaggio si può esprimere qualsiasi contenuto, senza limiti. I segnali non verbali tendono a esprimere all'incirca sempre gli stessi contenuti, hanno una sorta di repertorio di significati abbastanza stereotipato. Col linguaggio invece possiamo dire tutto quello che vogliamo.

Come mai allora nella comunicazione non diciamo tutto? Potremmo farlo, visto che disponiamo del linguaggio. Probabilmente ci sono diverse ragioni per cui non diciamo tutto e tendiamo a lasciare non detto proprio quello che più conta.

Non dire tutto è economico. Fa risparmiare tempo e risorse. Se dicessimo tutto, i discorsi diventerebbero lunghi e faticosi. È domenica mattina. Moglie e marito sono in casa. Si scambiano tre rapide battute e si dicono tante cose.

Marito: *La porta*
Moglie: *Sono in pigiama*
Marito: *Va bene*

Se avessero esplicitato gli impliciti, avrebbero fatto un discorso grosso modo così.

Marito: *Suonano alla porta. Vai ad aprire tu per favore?*
Moglie: *Io non posso andarci, perché sono in pigiama e non so chi è che suona. Non vorrei farmi vedere in pigiama da un estraneo. D'altra parte avrei bisogno di troppo tempo per cambiarmi. Perciò conviene che vada tu ad aprire.*
Marito: *Ho capito. Sono d'accordo. Vado io.*

Comunicare in modo economico è più importante di quel che si può credere. Grazie al fatto che ci impegnamo poco nel comunicare, ci lasciamo lo spazio per pensare. Diversamente saremmo meno intelligenti di quel che siamo.

Non dire tutto ci consente di non assumerci la responsabilità di definire la situazione. Siccome sta all'altro capire quello che intendiamo dire, il senso del nostro discorso resta in parte imprecisato, ambiguo e può essere modellato andando avanti [13].

L'ambiguità può essere vantaggiosa nell'interesse di chi parla. È il caso dell'agente immobiliare che risponde:"Nel palazzo ce ne sono tre"(pag. 21). L'agente non si è impegnato e formalmente si è messo al riparo da contestazioni. Potrà sempre sostenere di aver detto né più né meno che il vero, anche se il condominio dovesse creare problemi.

Non assumersi la responsabilità di definire la situazione, ove più ove meno, è comunque anche una forma di rispetto dell'altro e della relazione [14, 15]. Il punto è che comunicando con gli altri strutturiamo, diamo forma alla relazione tra noi. Definire con precisione le cose significa vincolare gli altri a un certo modo di strutturare la relazione. Chi ascolta a quel punto è costretto ad accettare o rifiutare, a subire o ribellarsi. Non dire tutto lascia invece agli interlocutori facoltà di manovra, li lascia liberi di prendere una posizione o l'altra o di non prendere alcuna posizione.

Moglie e marito stanno uscendo di casa e il marito dice:"È rimasta la luce accesa". Dato che la moglie è uscita per ultima, questa frase potrebbe essere intesa come un rimprovero o un ordine. Non essendoci però alcun rimprovero, né ordine esplicito, qualora la moglie si lamentasse, il marito potrebbe dirle:"Volevo dire semplicemente che conviene tornare a spegnerla". Così il marito si mette in salvo.

Tuttavia anche per la moglie il fatto che il marito si esprima così è vantaggioso. Ha la libertà di configurare la relazione come crede: può vedere nelle parole del marito un tentativo di mettersi in posizione di superiorità o come un modo di collaborare pariteticamente alla gestione familiare o addirittura un mettersi in funzione di servizio. Il marito si mette in salvo, ma rispetta anche la moglie e la loro relazione.

A ben guardare, anche nell'episodio dell'agente immobiliare c'è il rispetto dell'altro e della relazione. È vero che dicendo "Nel palazzo ce ne sono tre" l'agente si mette al riparo da contestazioni. È anche vero però che lascia il cliente libero di gestire il problema come meglio crede, da persona autonoma e capace di sbrigare le proprie faccende.

Se dicessimo tutto, mortificheremmo la vita. La vita è troppo complessa, sfaccettata, sfuggente. Non può essere rappresentata integralmente con i discorsi.

A volte le persone provano a esplicitare tutto quello che riescono a esplicitare. Lo fanno in genere quando sono in difficoltà nei rapporti sociali o hanno un disagio psicologico o soffrono di certi disturbi mentali, ad esempio ossessivi. In questi casi i discorsi risultano noiosi e a volte insopportabili.

Il sociologo statunitense Harold Garfinkel [16] ha chiesto ai suoi studenti di incalzare nelle conversazioni gli interlocutori con continue richieste di chiarimento, di esplicitazione degli impliciti: "Che cosa intendi dire quando dici...?". Ha scoperto che le persone, costrette a esplicitare fino in fondo i discorsi, arrivavano all'esasperazione e si arrabbiavano. Non era solo una reazione all'insolito comportamento dell'interlocutore. Il problema era che si rifiutavano di fare il lavoro di esplicitare gli impliciti e non accettavano l'idea che in una comunicazione non ci si basasse semplicemente sulla comune lettura della mente.

La pioggia di segnali

In una comunicazione faccia a faccia abitualmente investiamo l'altro di una pioggia di segnali. Mentre parliamo, lanciamo diversi segnali non verbali. La foto, tratta dal noto libro di Desmond Morris, *L'uomo e i suoi gesti*, è eloquente [17].

I due si parlano, ma intanto comunicano con gli sguardi, le espressioni del viso, i gesti, la postura, la distanza interpersonale. La ridotta distanza, la postura eretta, il fissarsi negli occhi, le espressioni del viso suggeriscono su-

Desmond Morris, *Manwatching. A field guide to human behaviour*

bito aggressività. Mani a borsa e espressioni del viso dicono che c'è disaccordo su qualcosa. Sicuramente stanno scambiandosi altri segnali non verbali che non vediamo, col tono di voce, la forza vocale, la velocità e il ritmo del parlato, l'enfasi su questa o quella parte del discorso.

Anche se non sempre la pioggia di segnali è così marcata, solitamente c'è, persino nelle comunicazioni faccia a faccia in cui ci sforziamo di restare controllati. Il fatto che mentre parliamo ci lanciamo vari segnali non verbali è interessante e fa riflettere.

Il linguaggio da solo basterebbe a dire tutto quello che vogliamo dire (pag. 22). Infatti è un sistema di comunicazione straordinario, che consente di esprimersi all'infinito e dire di tutto. Se usiamo tanti segnali non verbali, è perché limitiamo l'uso del linguaggio, ce ne serviamo solo per esprimere alcuni contenuti espliciti.

Ecco che comprendiamo una delle funzioni fondamentali della CNV, la comunicazione non verbale. Fornisce agli interlocutori una serie di indizi, che possono aiutarli a leggersi reciprocamente la mente e a intendersi.

Sulla CNV circolano idee discutibili o ingenue e infondate, come pensare che sia il lato più importante della comunicazione o che sia onesta, sincera. Sono strascichi di un dibattito cominciato negli anni Sessanta, quando è cresciuto l'interesse per la comunicazione non verbale e alcuni studiosi ne hanno enfatizzato il ruolo nella comunicazione. Il peso della CNV non va esagerato, ma è certo che è di aiuto nella lettura della mente e nel funzionamento della comunicazione umana.

Conoscere il contesto e la vita

I segnali della CNV non sono i soli indizi che adoperiamo per afferrare gli impliciti. Da soli non basterebbero.

È essenziale conoscere il contesto, sapere in quale situazione siamo. "Ho un cane" acquista il suo senso perché siamo in un'agenzia immobiliare e chi pronuncia queste parole è il cliente che sta per affittare un appartamento (pag. 21). Allo stesso modo "La porta!" acquista il suo senso perché siamo in casa e hanno appena suonato (pag. 23). Se non siamo al corrente di queste situazioni, non riusciamo neanche a immaginare che cosa chi parla vuole dire.

Sempre fondamentale poi è conoscere la vita. "Ho un cane" acquista il suo senso perché sappiamo che un condominio o un proprietario che affitta possono cercare di ostacolare l'arrivo di un inquilino con un cane, nonostante la legge dica che non si può vietare di avere animali domestici. Anche per capire gli scambi tra moglie e marito, vuoi quello riguardo alla porta, vuoi l'altro sulla luce accesa (pag. 24), ci vuole una certa conoscenza della vita.

Tendiamo a dare per scontata la conoscenza della vita, ma in realtà questa è un enorme patrimonio che ci permette di orientarci nelle esperienze quotidiane. Le ricerche sulle intelligenze artificiali hanno messo in evidenza che è la parte più complessa e ricca del sapere che possediamo. I saperi in senso stretto, quelli che si acquisiscono con l'istruzione al confronto sono poca cosa. Tant'è che in un'intelligenza artificiale riusciamo a trasferire con relativa facilità anche saperi molto specialistici, mentre è un problema codificare e trasferire in un'intelligenza artificiale la nostra conoscenza della vita.

Le menzogne implicite

Possiamo mentire implicitamente, cioè senza dichiarare il falso, ma lasciando che sia l'altro ad intendere il falso. Lo facciamo spesso nella vita quotidiana, seppure di solito in maniera sfumata. Riusciamo a mentire implicitamente proprio perché la comunicazione si basa sulla lettura della mente, che si avvale degli indizi della CNV, del contesto e della conoscenza della vita. Giocando su questi elementi, abbiamo modo di mettere l'altro su una falsa pista e fare in modo che si convinca del falso.

Una divertente menzogna implicita è quella di un episodio de *I Jefferson*, serie televisiva comica degli anni Settanta-Ottanta. Il padrone di casa, George Jefferson, proprietario di una catena di lavanderie, si rivolge a Florence, la domestica, che è stata assente per alcuni giorni.

Padrone di casa: *Dove sei stata?*
Domestica: *A Las Vegas.*
Padrone di casa: *E i miei due dollari?*
Domestica: *Li ho puntati sul 25 come mi aveva detto lei.*

Messi di fronte a una risposta del genere siamo portati a pensare che la domestica abbia perso. Vari indizi ci mettono su questa pista. È improbabile vincere puntando su un numero secco. Se la domestica avesse vinto, sarebbe esultante. E poi dice quel "come mi aveva detto lei", quasi a volersi giustificare. Senonché sta mentendo.

Padrone di casa: *Non il 25! Avevo detto 35! Non fai mai una cosa giusta. Ridammeli!*
Domestica: *Certamente.*
Tira fuori un pacco di banconote.
Padrone di casa: *E tutti quei soldi dove li hai presi?*
Domestica: *Li ho vinti a Las Vegas puntando sul 25.*

George ha fatto il furbo. Florence se lo aspettava e ha predisposto una menzogna implicita per incastrarlo.

Una tecnica paradossale per mentire implicitamente è la veridicità letterale: il dire esattamente la verità in un modo e in un contesto in cui non è assolutamente credibile. Paul Ekman, nel suo libro sulla menzogna, *Telling lies*, tradotto in italiano col titolo *I volti della menzogna* [18], porta l'esempio di una moglie che mente implicitamente al marito che le chiede con chi stesse parlando al telefono. "Ma parlavo col mio amante – dice la moglie – Mi chiama a tutte le ore. Siccome vado a letto con lui tre volte al giorno, dobbiamo tenerci sempre in contatto per combinare". Stava proprio parlando con l'amante, ma il fatto che lo dica e l'esagerazione fanno pensare che la risposta sia ironica e che voglia dire il contrario di ciò che dice.

Questi sono esempi eclatanti, menzogne implicite astute e artificiose e con risvolti che colpiscono. Capita però che le persone mentano implicitamente in modo meno appariscente. Un funzionario, ad esempio, può parlare dell'assessore usando il nome proprio e lasciare intendere così che sono in confidenza. Posso accettare in tutta tranquillità di assumermi un incarico che mi viene chiesto. L'altra parte pensa che ho esperienza in questo tipo di attività, mentre per me è a prima volta. Nessuno ha mentito esplicitamente, sono gli altri che hanno pensato il falso.

I molti sensi da afferrare

Quando comunichiamo, non c'è da capire solo il significato del messaggio che l'altro ci manda. Ci sono molti sensi da afferrare, di vario tipo, a vari livelli e per afferrare ognuno di questi abbiamo bisogno di leggere la mente [19].

Siamo nel negozio di un cliente, stiamo per salutarlo e ne approfittiamo per aggiungere qualche informazione su un prodotto. Sta entrando gente e il cliente sorridendo ci dice: "I tuoi consigli sono sempre i migliori".

L'enunciato, la frase che il cliente in quel momento pronuncia, per noi ha molti sensi. Possiamo ricostruirli partendo dalle domande che suscita in noi. La prima, la più ovvia, è *che cosa sta dicendo?* Qui abbiamo già due livelli, perché dietro il significato letterale di quel che dice, c'è un senso figurato. In realtà sta facendo una garbata ironia, dato che dice in parte il contrario di quello che dice: i miei consigli saranno anche buoni, ma non cadono sempre al momento opportuno, per cui non sono proprio i migliori.

Andando avanti, una volta afferrata l'ironia, nasce un'altra domanda: *che cosa sta facendo?* Anche qui c'è un senso apparente e ci sono sensi nascosti. Fa un'affermazione sulla qualità dei miei consigli, mi fa sapere che li apprezza, ma in realtà mi sta chiedendo di lasciarlo lavorare e vuole convincermi a tagliar corto.

A questo punto nasce un altro interrogativo: *che cosa pensa?* Questa è una domanda con tante sfaccettature: che cosa vuole da me? come vede la situazione? come considera il mio modo di operare? e via dicendo.

I tuoi consigli sono sempre i migliori

INTERROGATIVI		SENSI
che cosa sta dicendo?	cosa dice alla lettera? cosa dice in realtà?	i miei consigli sono sempre i migliori sono buoni, ma non sempre opportuni	*senso letterale* *senso figurato*
che cosa sta facendo?	cosa fa apertamente verso di me? e su di me? e nascostamente verso di me? e su di me?	sta constatando mi sta informando avanza una richiesta cerca di persuadermi	*senso pragmatico*
che cosa ha in mente?	che cosa vuole? come vede le cose? che cosa dà per scontato? ecc.	vuole che smetta disapprova il mio modo di fare forse pensa che lo faccio sempre ecc.	*senso intenzionale*
che cosa suscitano in me queste parole?	mi colpiscono? mi piacciono? mi preoccupano? mi attivano? ecc.	mi colpiscono non mi piacciono, ecc.	*senso connotativo*
che cosa sta accadendo?	nella conversazione? nella relazione tra noi? ecc.	il clima è meno disteso emergono vedute diverse ecc.	*senso di avvenimento*

I molti sensi di un enunciato

Non appena cominciamo a interrogarci su come il cliente vede le cose, nascono in noi reazioni. Allora ci troviamo ad autoesaminarci, siamo in gioco noi e ci chiediamo: *che cosa suscitano in me queste parole?* Sentiamo di dover rispondere a questa domanda per poterci regolare sul da farsi.

Arriva adesso la domanda più difficile: *che sta succedendo?* Una comunicazione tra persone, anche breve, è una vicenda, una storia. Il fatto che il cliente dica quella frase è un evento all'interno della storia di quella comunicazione, che in qualche misura ne influenza il decorso.

La storia di una comunicazione è fatta soprattutto di negoziazioni, trattative per lo più tacite e inconsapevoli che sfociano in contratti di comunicazione, in accordi su vari aspetti dell'esperienza che si sta facendo. In queste negoziazioni un interlocutore prende un'iniziativa che funziona da proposta. Ad esempio, l'agente comincia a parlare di un nuovo prodotto. L'altro può accettare o meno. Se il cliente parla anche lui di quel prodotto, ha accettato. Altrimenti si mostra distratto, perplesso, passa a parlare d'altro.

In corsa si fanno anche aggiustamenti. Ad esempio, l'agente potrebbe scivolare dal discorso sul prodotto a un altro sul mercato. Facendo così propone di vedere il loro rapporto in altra luce, più di confronto o consulenza che di mera vendita. Se il cliente gli va dietro, ecco che sono in un nuovo assetto della comunicazione e la vicenda va avanti.

Sono molti gli aspetti che definiamo nelle negoziazioni di una comunicazione. Possiamo accordarci su come interpretare una certa realtà, ad esempio il fenomeno della diffusione di prodotti di bassa qualità in un certo settore. Troveremo un'intesa anche sul tipo di conoscenze da mettere in gioco per capire la realtà.

Negoziamo poi per definire la relazione, momento per momento. Ora io assumo questa posizione e tu quest'altra, poi io un'altra e tu un'altra ancora. Prestiamo particolare attenzione al grado di intimità che viene a instaurarsi. Ci accordiamo anche su come strutturare la comunicazione: chi parla prima, chi dopo, se più disinvolti o più formali.

Un aspetto interessante è la negoziazione degli script, dei copioni della comunicazione. Ogni volta che comunichiamo, lo facciamo all'interno di un copione socialmente strutturato e riconosciuto. È come se recitassimo secondo le regole di quel copione. I copioni cambiano nel corso della comunicazione e di solito scivoliamo dall'uno all'altro concordando il passaggio.

L'agente sta presentando prodotti al cliente. A un certo punto nota che il cliente è preso da altro e continua a guardare grafici che ha sul tavolo. Allora gli lancia garbatamente uno sguardo interrogativo, come a dire "che c'è?". Il cliente risponde: "L'online". Cominciano così a parlare del problema della concorrenza del mercato online.

A ben guardare hanno cambiato copione. Sono passati da un copione pratico di lavoro a uno di *politicking,*. Con questo termine si indica un copione che è una sorta di discorso di corridoio che si usa fare in ambienti lavorativi. Tendenzialmente è meno serio e più intimo del discorso pratico di lavoro, per cui tra loro è anche cambiata la relazione.

Può sembrare impressionante, ma grazie alla nostra abilità di lettura della mente durante una normale conversazione ad ogni passo decifriamo tutti questi sensi.

Afferrare molti sensi per gestire la comunicazione

Un episodio di comunicazione è una vicenda, anche piuttosto intricata, che i partecipanti cercano di controllare. A volte ci impegnamo di più in questo lavoro, a volte meno. In alcuni casi cerchiamo di controllare la vicenda coscientemente e siamo consapevoli di star controllando. Il più delle volte lo facciamo senza rendercene bene conto.

C'è chi riesce meglio nella gestione della comunicazione e chi riesce peggio. Contano tratti di personalità, come, ad esempio, il grado di self monitoring, ma anche l'esperienza e l'abitudine a controllare la comunicazione per ragioni professionali. Molto comunque dipende dalla situazione: una persona che gestisce bene un episodio di comunicazione in un dato contesto può rivelarsi poco capace di gestire in un altro contesto.

Per gestire la comunicazione come prima cosa dobbiamo capire che cosa sta accadendo, dobbiamo leggere la vicenda comunicativa nei suoi vari aspetti in evoluzione, da come configuriamo la relazione ai copioni che mettiamo in scena, all'interpretazione che assieme diamo della realtà, alle conoscenze che mettiamo in gioco.

Non basta leggere la vicenda. Dobbiamo anche esaminare noi stessi per capire come vogliamo muoverci, decidere strategie e intervenire con azioni tese a orientare la comunicazione nel senso desiderato.

Letta la vicenda e avviata l'azione, ci aspetta una terza fase assai delicata. I cambiamenti che cerchiamo di portare vanno negoziati con l'altra parte [20, 21]. Noi li proponiamo, ma bisogna vedere come reagisce l'altro. C'è da fare allora un attento lavoro di monitoraggio, in modo da negoziare efficacemente (pag. 31). Se riusciamo a portare l'altro dove noi vogliamo andare, comunichiamo in sintonia. Altrimenti non siamo più sintonizzati: finiamo per seguire percorsi divergenti e partecipare a comunicazioni almeno in parte diverse, anche se siamo sempre lì assieme a comunicare.

Non sempre abbiamo chiara coscienza del fatto che abbiamo perso la sintonia. A volte ce ne accorgiamo dopo che l'episodio comunicativo si è concluso, riflettendoci a posteriori. Altre volte non ce ne rendiamo affatto conto.

Per gestire la comunicazione dobbiamo adoperare la vista mentale e decifrare soprattutto i molti sensi che i segnali hanno (pag. 30). Non possiamo limitarci al significato che i messaggi hanno, dobbiamo cogliere tutto quel che c'è dietro e trovare risposte alle varie domande (cosa sta dicendo? che cosa sta facendo? che cosa pensa? che cosa suscitano in me le sue parole? che sta succedendo?).

Afferrare i molti sensi di un'azione comunicativa ovviamente serve a leggere la vicenda, a fare il primo passaggio della gestione. È fondamentale però anche per sintonizzarci. Diversamente non riusciamo a monitorare gli effetti dei nostri tentativi di riorientare la vicenda comunicativa.

Quando cominciamo a leggere la mente da bambini

È interessante studiare la lettura della mente nei bambini. Se ne ricavano anche conoscenze che possono risultare utili per l'adulto che vuole migliorare la propria capacità di mentalizzare.

I bambini cominciano a leggere la mente intorno ai 2-3 anni. La loro è una capacità ancora rudimentale, che affineranno negli anni successivi, ma comunque a suo modo funziona.

Osservando i bambini di quell'età si notano fatti che fanno pensare che comincino a essere lettori della mente. Spesso vanno a confortare chi soffre. Mentre seguono programmi televisivi o video si emozionano semplicemente vedendo le emozioni dei personaggi. I più piccoli invece si emozionano solo se vedono la causa della reazione emotiva. Ad esempio, i più piccoli provano paura se compare un mostro. A quelli di 2-3 anni invece per emozionarsi basta vedere il personaggio spaventato, anche se il mostro non compare. Un altro segno di lettura della mente è il fatto che mostrano di provare imbarazzo o altre emozioni, se si accorgono che qualcuno sta scrutando nelle loro menti o li fotografa.

Vari esperimenti dimostrano che a 2-3 anni comincia la lettura della mente. In uno gli sperimentatori facevano provare a dei bambini occhiali dalle lenti opache. Il giorno dopo ciascun bambino poteva interagire con la madre che portava quegli occhiali. I più piccoli si comportavano come se la madre li vedesse, mentre quelli di 2-3 anni mostravano di sapere perfettamente che la madre non li vedeva.

A 2-3 anni i bambini cominciano poi a superare i test di lettura della mente. Classico il test di Baron-Cohen [22]. C'è una scenetta con due bambole. Sally mette una biglia nel suo cestino e se ne va. Anne, mentre Sally è via, prende la biglia e la mette nella sua scatola. Sally torna e ai bambini si chiede:"Dove cercherà la biglia Sally?".

Già a 3 anni i bambini capiscono che Sally pensa di trovarla dove l'ha lasciata, dato che non ha visto Anne spostarla. A volte ridacchiano vedendo che Anne sposta la biglia, perché immaginano la sorpresa di Sally.

Fin dalla nascita disponiamo di un equipaggiamento per leggere la mente. Negli ultimi anni sono state scoperte strutture cerebrali che entrano in funzione nella lettura della mente e che sono presenti già alla nascita. Nasciamo già con l'hardware per la lettura della mente. Come mai allora cominciamo a leggerla solo a 2-3 anni?

Test di Baron-Cohen

Intorno ai 2 anni si verifica una vera e propria rivoluzione cognitiva. Sviluppiamo una serie di capacità che ci mettono in grado di adoperare l'hardware di lettura della mente.

A 2 anni i bambini diventano pienamente consapevoli di sé. Contrariamente a quello che gli psicologi pensavano in passato, fin dai primi mesi i bambini sono in grado di distinguere se stessi dal resto del mondo. Tuttavia solo verso i 18 mesi diventano capaci di *autoconsapevolezza oggettiva*, cioè di uscire mentalmente da sé per guardare a se stessi come a un oggetto del mondo. Intorno ai due anni poi arrivano all'*autoconsapevolezza individuale*: sono in grado di pensare "questo sono proprio io".

Avere un'*autoconsapevolezza piena* è essenziale per leggere la mente. Se non vedo me come un essere unico, dotato di un sé interiore che coincide con un sé esteriore, non posso guardare anche agli altri come individui così.

Verso i 2 anni matura poi la *funzione simbolica*, cioè l'uso di simboli per rappresentare la realtà. Un simbolo è qualcosa che per noi ne richiama alla mente un'altra e addirittura ne può fare le veci. La bambola, ad esempio, è il figlioletto da accudire.

I bambini cominciano a fare giochi in cui adoperano simboli già a un anno. Solo verso i 2 anni però diventano disinvolti nell'uso di simboli e distinguono nettamente tra rappresentazioni simboliche e realtà, sbizzarrendosi a usare simboli anche molto lontani dal reale. Così sviluppano il distacco dalla realtà e l'immaginazione, diventano capaci di pensare situazioni e mondi possibili, sebbene non reali.

Distacco e immaginazione sono essenziali per leggere la mente. Se ci fissiamo sulla realtà come la vediamo noi, non riusciamo a renderci conto che nella mente dell'altro può esserci una rappresentazione della realtà completamente diversa. Per superare il test di Baron-Cohen io devo distaccarmi e immaginare che nella mente di Sally c'è qualcosa di lontano dal reale.

La capacità di cogliere la conoscenza della realtà che hanno gli altri, anche quando questa è diversa dalla nostra, va sotto il nome di *decentramento cognitivo*. Si parla di decentramento, perché è un uscire da noi per centrarsi sull'altro. Smettiamo di pensare che il modo in cui vediamo le cose noi è l'unico possibile e ci sforziamo di cogliere come vede le cose l'altro, qualunque sia il suo punto di vista.

Intorno ai 2-3 anni si affaccia anche il *decentramento sociale*. Anche qui si tratta di uscire da sé per centrarsi sull'altro. Ma il punto non è abbandonare la nostra visione della realtà per badare a come la vede l'altro. Nel decentramento sociale dobbiamo lasciar perdere ciò che ci sta a cuore: i nostri problemi, i nostri desideri, i nostri stati d'animo e concentrarci sul mondo interiore dell'altro.

Si tratta di pensare innanzitutto che la realtà sociale non si riduce al nostro mondo privato, che esistono gli altri e che il nostro mondo privato è solo quello di un individuo immerso nel sociale. Distacco e immaginazione consentono al bambino di 2-3 anni anche il decentramento sociale, lo aiutano a cogliere che nella vita sociale c'è molto altro fuori oltre quello che lui ha dentro.

Dall'empatia primaria a un'arte sempre più raffinata

Dopo i 2-3 anni l'abilità di leggere la mente si affina sempre più. Crescendo i bambini diventano più capaci di decentramento sociale e cognitivo. Ad esempio, intorno ai 5 anni il decentramento cognitivo fa un salto in avanti perché i bambini si rendono conto che anche loro possono avere false convinzioni sulla realtà, non solo gli altri.

Per fare un altro esempio, a 6-7 anni c'è un cambiamento che favorisce il decentramento sociale. I bambini cominciano a cogliere nell'altro un mondo interiore psicologico. Prima esprimono giudizi che sembrano di tipo psicologico: buono, bravo, antipatico. Se andiamo a fondo però, scopriamo che il bambino adopera quelle parole per sintetizzare comportamenti: gioca con me, sa costruire aeroplani, non mi presta i colori.

Intorno agli 8 anni decentramento sociale e lettura della mente vanno ancora più avanti. Il bambino comincia a distinguere tra facciata e retroscena: si rende conto che uno dentro di sé può provare certe esperienze psicologiche e fuori manifestare altro. Ad esempio, afferra che l'amico si è mostrato contento per il regalo, ma dentro di sé era deluso. Cominciano così a gestire la facciata a seconda delle esigenze dei rapporti sociali. Stanno molto più attenti, ad esempio, a non dire sempre quel che pensano.

La vista mentale migliora con gli anni anche perché i bambini diventano più capaci di pensiero complesso. In parte questo si deve all'istruzione. Grazie a un pensiero più complesso, intorno ai 6-7 anni il bambino comincia a mentalizzare in modo articolato. Non si limita a leggere la mente di un altro, ma si forma mappe dei diversi punti di vista che hanno le persone intorno a lui. Piano piano impara anche a seguire i cambiamenti e l'evoluzione di queste mappe.

All'affinamento della vista mentale contribuisce in modo decisivo il passaggio dalla cosiddetta *empatia primaria* alla *empatia secondaria*. All'inizio i bambini si avvalgono del metodo dell'empatia, cioè cercano di capire cosa c'è nella mente dell'altro rispecchiandola, riproducendo in sé i suoi stati d'animo e provando quel che l'altro prova.

La tecnica è ancora piuttosto rudimentale, rigida e schematica. I bambini procedono grosso modo così. Possiedono un repertorio di stati mentali noti, li hanno come schedati. In base agli indizi disponibili capiscono quale di questi stati interiori l'altro sta sperimentando. Poi riproducono su di sé l'esperienza e rivivendola la ricostruiscono, la studiano.

L'empatia primaria è pressoché automatica, Si avvale dell'hardware che possediamo fin dalla nascita per compiere operazioni standardizzate. Andando avanti al processo automatico di empatia si aggiungono riflessioni sulla specifica esperienza che si sta facendo. Solitamente si dice che si passa a un'empatia secondaria, in cui la lettura della mente diviene sempre più analitica.

Più maturano le conoscenze della vita, più riusciamo a servirci delle analisi delle esperienze. All'inizio l'empatia secondaria si basa soprattutto sull'analisi della situazione. A un compleanno, ad esempio, un bambino penserà che il festeggiato è contento, anche se ha il broncio. Andando avanti sempre più le analisi sono basate su dettagli, su indizi che si raccolgono.

La capacità di analizzare i dettagli dell'esperienza comunicativa e servirsene per mentalizzare si affina sempre più nel corso della vita. Continua ad affinarsi anche da adulti. È questa a fare la differenza nelle capacità di lettura della mente che sfoderano professionisti come psicoterapeuti, bravi docenti, leader, abili addetti al front office o agenti di commercio. Ma quali sono i dettagli che contano?

Quando leggiamo la mente, decisivi sono i *significati di connessione*, le cose che afferriamo collegando elementi diversi. Ad esempio, mettiamo assieme quello che uno dice, segnali non verbali, situazione, storia precedente e leggiamo la mente.

Gli elementi diversi possono convergere, rafforzarsi a vicenda o non combaciare e modificarsi l'un l'altro o addirittura essere contraddittori. Per leggere la mente i significati più interessanti sono quelli che si ricavano connettendo gli elementi che non combaciano. È il suo compleanno, c'è la festa, ma ha il broncio. Presento il prodotto, ma il cliente continua a guardare grafici (pag. 32). Stiamo per salutarci, sta entrando gente in negozio e il cliente mi dice:"I tuoi consigli sono sempre i migliori"(pag. 29). Sono le cose che non quadrano a fare da potente supporto della vista mentale.

Una fonte importante di informazioni sono gli *scarti*, cioè i comportamenti che si allontanano da una regola [19, 23]. Ad esempio, possono esserci allontanamenti dalle fondamentali regole della conversazione. Quando parliamo, convergiamo su un tema e non cambiamo tema liberamente, senza giustificare il passaggio. Se uno improvvisamente si mette a parlare d'altro, è uno scarto che mi aiuta a leggere la mente. Lo stesso vale se invece di rispettare i turni l'altro si sovrappone in continuazione o se invece di rispondere a una domanda mi chiede come mai gli faccio quella domanda.

In passato alcuni teorici della comunicazione hanno visto nell'incoerenza un difetto, un malfunzionamento, attribuito a volte a disturbi mentali. In realtà l'incoerenza è una risorsa fondamentale della comunicazione. Senza non riusciremmo a leggere la mente, non capiremmo le vicende comunicative e saremmo disorientati. La comunicazione umana è per sua natura incoerente, ove più ove meno.

Via via che nel corso della vita diventiamo più abili nella lettura della mente, ricorriamo maggiormente a riflessioni e analisi. Non smettiamo mai però di usare processi automatici. Ai processi automatici innati se ne aggiungono altri acquisiti.

Noi siamo un grado di automatizzare attività mentali con l'esercizio, ripetendole spesso. Si parla di *processi automatici superappresi*. Ne abbiamo tanti di uso quotidiano, come leggere, scrivere, lavorare al computer, guidare l'automobile. Anche certe analisi che facciamo nella lettura della mente, a forza di ripeterle con l'esperienza possono diventare automatiche, pur non essendo innate. Uno che per mestiere si serve della lettura della mente possiede quasi certamente un repertorio di processi automatici superappresi di cui neppure è consapevole.

LA LEZIONE DEGLI STUDI SULL'AUTISMO

A farci conoscere meglio la vista mentale e il suo funzionamento hanno contribuito gli studi sull'autismo, specie negli ultimi anni.
L'autismo è un disturbo mentale caratterizzato dalla difficoltà solitamente grave a rapportarsi agli altri, ad avere normali rapporti sociali, e dalla tendenza a chiudersi in se stessi e isolarsi. Il termine sta a indicare proprio il ripiegamento dell'individuo su se stesso. Compare da piccoli e uno dei primi segni è il fatto che il bambino evita il contatto oculare con gli altri. Le ricerche empiriche degli ultimi anni hanno messo in evidenza che nell'autismo c'è una cecità mentale [24].
Alla base c'è una mancanza o un difetto della capacità innata di leggere automaticamente la mente degli altri. Paradossalmente sembra che il problema stia nel fatto che l'hardware della lettura della mente resta troppo complesso. Nei bambini normali prima della nascita va incontro ad una parziale distruzione, per cui i processi di lettura automatica si semplificano, diventano in un certo senso "spicci e sporchi". Nell'autistico invece restano complessi, per cui

continua ▶▶▶

la lettura della mente richiede molti passaggi razionali, a volte troppi per cavarsela nella vita sociale.

La cecità mentale delle persone sofferenti di autismo può essere messa in evidenza in vari modi. Immaginiamo che ci chiedano di spiegare il senso di questo racconto: *John entrò nella camera da letto, girò per la stanza e uscì.* Le persone normalmente dotate di vista mentale azzardano varie ipotesi. Ad esempio: *John cercava qualcosa che voleva e pensava che fosse nella camera da letto.* Oppure: *John voleva fare qualcosa nella camera da letto, ma quando è arrivato non ricordava più che cosa.* Notiamo che si fa riferimento a stati mentali, come evidenziano le sottolineature. Una persona sofferente di autismo dà invece una risposta di questo tipo: *John ogni giorno a una certa ora va in camera da letto, fa il giro della camera e riesce.* Non si prendono in considerazione stati mentali, ma si va a cercare una regolarità, come si trattasse di capire non gli altri e la vita sociale, ma la natura.

Le forme di autismo più grave compromettono seriamente l'esistenza delle persone che ne soffrono. Nelle forme meno gravi la persona sofferente di autismo arriva a capire quel che pensano gli altri, solo che lo fa per via di ragionamento, anziché automaticamente. Non è in grado di sfruttare adeguatamente i processi automatici innati. Si avvale perciò soprattutto di analisi. Questo rende la sua lettura della mente lenta e macchinosa: di qui la difficoltà a inserirsi nella vita sociale.

Ci sono casi, detti di autismo ad alto funzionamento, in cui c'è un'intelligenza spiccata, caratterizzata da grandi capacità di ragionamento. Queste persone spesso si integrano bene nella vita sociale, tanto che a volte il disturbo passa inosservato. Possono anche affermarsi come scienziati o professionisti grazie alle loro qualità intellettive superiori. Andando a fondo si scopre che riescono a capire quel che pensano gli altri ragionando. Dove una persona normale affererrebbe immediatamente il pensiero dell'altro, hanno bisogno di riflettere coscientemente. Siccome sono molto abili nel ragionamento, se la cavano e a volte finiscono per essere anche più accurati degli altri. Resta comunque un certo disagio per la vita sociale, che a loro costa fatica: devono pensare troppo.

Si direbbe proprio che le persone normalmente si avvalgano dell'empatia primaria che poi perfezionano sviluppando la secondaria. Le persone sofferenti di autismo possono contare solo sulla secondaria, che per assisterli efficacemente deve accompagnarsi a capacità razionali decisamente superiori alla media.

Come l'ansia sociale ci trascina nella cecità mentale

L'ansia sociale è la tensione provocata in noi dalla presenza degli altri e dal rapporto con gli altri. All'origine ci sono vari meccanismi e ora conta più l'uno, ora l'altro [25, 26].

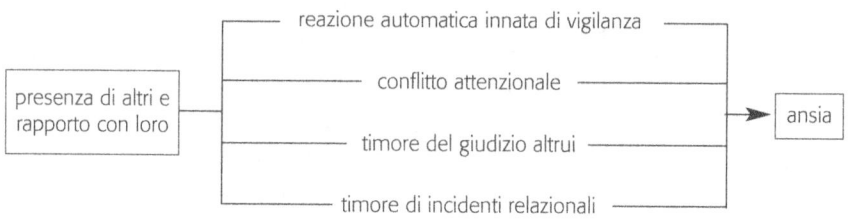

Meccanismi dell'ansia sociale

Nell'uomo, come accade negli animali, la mera presenza dei propri simili provoca una *reazione di vigilanza*. È una reazione innata e automatica, che rende l'individuo pronto a rispondere a possibili azioni degli altri. Anche se non ce ne rendiamo bene conto, il passaggio dalla solitudine alla compagnia ci attiva e crea in noi un certo stato d'ansia.

C'è poi il *conflitto attenzionale*. Quando abbiamo a che fare con gli altri, ci troviamo a dover dividere le risorse mentali tra ciò che stiamo facendo e la gestione del rapporto, dobbiamo fare attenzione all'una e all'altra cosa [27].

Il conflitto attenzionale ci mette in ansia in modo particolare quando siamo impegnati in un compito importante e che richiede concentrazione e al tempo stesso teniamo al rapporto sociale [28, 29]. L'agente di commercio, mentre comunica col cliente, viene a trovarsi esattamente in questa situazione: sia il compito, sia la relazione meritano tutta la sua attenzione. Per lui il conflitto attenzionale è una causa importante di ansia sociale.

Un terzo meccanismo alla base dell'ansia sociale è il *timore del giudizio degli altri*. Da tempo le ricerche sperimentali indicano che le persone vanno più in ansia se sanno di essere valutate [30, 31].

Il timore del giudizio degli altri è un altro meccanismo importante che può intervenire a generare ansia quando un agente si rapporta al cliente. La stima del cliente è senz'altro qualcosa su cui l'agente fa affidamento, una sorta di patrimonio del suo lavoro.

Non è da sottovalutare il *timore di incidenti relazionali*. Può sempre accadere che il rapporto non risulti soddisfacente, che emerga una divergenza o un'incomprensione fastidiosa o qualche altro motivo di disagio. Nel rapporto agente-cliente anche mantenere buoni rapporti è importante.

Abitualmente sottovalutiamo l'ansia sociale, non ci rendiamo bene conto di essere in ansia, né di quanto siamo in ansia. Probabilmente accade perché si tratta di un'esperienza abituale che abbiamo imparato a trascurare.

Le ricerche scientifiche indicano chiaramente che noi abbiamo molta più ansia sociale di quanto crediamo. Una metanalisi condotta su oltre 200 lavori empirici ha messo in evidenza che, quando siamo impegnati in un compito, l'ansia legata alle altre persone è nettamente superiore a quella dovuta a minacce impersonali, come ad esempio il fastidioso rumore di un martello pneumatico [32]. Nel sangue il livello di cortisolo (ormone dello stress) s'innalza mediamente tre volte di più e resta alto più a lungo. Eppure le persone credono che le minacce impersonali siano egualmente stressanti o addirittura le considerano più stressanti.

L'ansia sociale compromette la lettura della mente meditata, basata sull'analisi della situazione e dei dettagli (pag. 37). Lascia funzionare invece la lettura automatica e può persino migliorarla. Come risultato diventiamo lettori della mente meno raffinati.

Non ritorniamo all'empatia primaria di quando eravamo piccoli, perché abbiamo acquisito procedure automatiche superapprese. Comunque perdiamo molto delle nostre capacità. Soprattutto perdiamo in flessibilità, siamo lettori rigidi, stereotipati. Come mai viene meno la lettura analitica?

Sappiamo da tempo che l'ansia sociale può migliorare le prestazioni nei compiti facili, che svolgiamo in automatico, mentre le peggiora in quelli impegnativi, che richiedono l'intelligenza.

Lo dimostra un lungo filone di studi, che risale alla prima metà del Novecento. È il filone della *facilitazione e inibizione sociale*, da cui risulta che gli altri tendono a far migliorare le prestazioni nei compiti semplici e a farle peggiorare nei complessi [33, 34, 35, 36, 37, 38].

L'ansia sociale ci spinge a impegnare la mente in elaborazioni irrilevanti per quel che stiamo facendo, come controllare se l'altro ci approva o no, rimuginare su cose che hanno provocato in noi disagio, ecc. Così abbiamo meno risorse mentali per analizzare le cose [39].

Gli studi più recenti hanno dimostrato che l'ansia sociale ha anche effetti diretti sul funzionamento del nostro cervello, che possono essere a volte devastanti. Gli ormoni dello stress, il cortisolo e l'adrenalina, compromettono la capacità di concentrarsi. Con tecniche di *imaging* cerebrale si vede che quando siamo concentrati solo alcune componenti cerebrali sono attive, mentre nelle persone in ansia il cervello è attivato diffusamente [40]. Si direbbe che pensiamo a tutto e a niente.

Sempre gli ormoni dello stress compromettono la funzionalità della memoria di lavoro, cioè la memoria che ci permette di tenere in mente disponibili i dati su cui lavorare quando facciamo un qualsiasi calcolo o ragionamento. Sono dati che dobbiamo prendere sia dall'esperienza del momento, sia dalle conoscenze che abbiamo depositate nella nostra memoria. Gli ormoni dello stress danneggiano il buon funzionamento dell'ippocampo, struttura cerebrale che fa da collegamento e consente di mettere assieme informazioni del momento e conoscenze pregresse [41].

Quando leggiamo la mente in modo meditato, analitico, sono importanti i significati di connessione, che si ricavano collegando elementi diversi (pag. 39). Dobbiamo analizzare gli scarti, i comportamenti che si allontanano dalle regole (pag. 39). Dobbiamo mettere assieme e integrare il tutto. La memoria di lavoro è essenziale per fare operazioni del genere.

L'ansia sociale ci trascina nella cecità mentale perché fa funzionare male la nostra mente e impedisce di leggere analiticamente le menti. Compromette la lettura della mente anche perché ci rende difficile decentrarci. Quando siamo in crisi, insicuri, ci sentiamo minacciati dagli altri, siamo troppo presi dai nostri pensieri per decentrarci. Non ci chiediamo che cosa pensano gli altri e non riusciamo a distaccarci quel tanto che occorre per accorgerci che non esistono solo i nostri pensieri.

Quando la tensione sociale causa opacità

Può accadere che non solo noi siamo in ansia sociale, ma anche il nostro interlocutore. Accade di solito quando nascono tensioni nel rapporto, per ragioni più o meno serie o anche banali. In questi casi leggere la mente diventa impegnativo, perché scatta l'*opacità comunicativa*.

L'altro può chiudersi, diventare impenetrabile e non fornire indizi utili. Se si sente minacciato, può anche fornire indizi fuorvianti e mentire implicitamente, come fa Florence, la domestica dei Jefferson (pag. 28). A ben guardare, il suo comportamento è un modo di mettere una barriera difensiva, dato che George cerca in genere di prevalere con l'astuzia.

In realtà noi leggiamo la mente degli altri nella misura in cui ci si mostrano e ce lo concedono. Leggersi la mente, come del resto la comunicazione, è un'attività cooperativa, in cui ciascuno collabora con l'altro fornendogli gli indizi giusti e aiutandolo a interpretarli correttamente.

In un clima relazionale in cui si sentono sicure, ben accette e ben volute, le persone sono più disposte ad aprirsi e a farsi leggere la mente. Invece, se si sentono minacciate o messe in discussione, le persone tendono a mettere tra sé e gli altri una barriera opaca, una sorta di cortina fumogena difensiva.

Se vogliamo diventare impenetrabili, di solito ci riusciamo abbastanza bene. Proprio il fatto che siamo abili lettori della mente, addestrati negli anni a decifrare le esperienze comunicative e relazionali per andar dietro la facciata, ci fa essere capaci di gestire anche la presentazione di noi stessi, così da risultare più trasparenti o più opachi.

La forza della cortesia

La cortesia tranquillizza e spegne ansia sociale e tensioni. Per questa via facilita la lettura della mente (pagg. 42 e 45). Se nella comunicazione vogliamo mentalizzare, procuriamo di creare un clima di autentica cortesia, in cui ciascuno si sente a proprio agio.

C'è però cortesia e cortesia e non ogni forma di cortesia è in grado di contrastare l'ansia sociale e le tensioni. Il termine cortesia fa pensare immediatamente alle buone maniere e all'etichetta. Del resto deriva da "corte" e alla lettera indica i modi compìti dell'ambiente cortigiano.

In effetti c'è una cortesia formale, convenzionale, fatta di regole che si applicano indistintamente a tutti. Questo genere di cortesia è superficiale e poco o tanto risulta non autentica. Ci sono di-

	FORME INAUTENTICHE DI CORTESIA
Cortesia fredda	Vengo trattato con rispetto, ma in un clima formale e anonimo. Oppure l'altro mi fa cerimonie calorose, ma ho comunque l'impressione che sia vietato stabilire un dialogo con un minimo di effettiva intimità e coinvolgimento. Al di là dell'apparente accoglienza, mi sento in ultima analisi rifiutato.
Cortesia affettata	L'altro mi usa più accortezze di quante la situazione ne richieda. Ad esempio è cerimonioso nonostante siamo in confidenza o nonostante sia il mio capo. Penso che abbia un secondo fine, mi sento manipolato e la cosa mi dà fastidio.
Cortesia apparente	Nel discorso mi ha lasciato molto spazio, ma credo che lo abbia fatto perché sono il suo capo e intendeva essere riverente e mostrare rispetto per l'autorità.
Cortesia scortese	Ho ricevuto una e-mail che mi ha fatto arrabbiare. *Scusa ma avrei preferito essere informato preventivamente come si era convenuto. Non sono d'accordo. Per il futuro – te ne sarei davvero grato – possiamo condividere prima le decisioni?* Sebbene i modi siano gentili, certi passaggi mi hanno davvero ferito.

verse forme di cortesia inautentica, da quella fredda all'affettata, all'apparente, a quella che mescola cortesia e scortesia.

Accanto alle forme inautentiche di cortesia nei rapporti della nostra vita quotidiana sperimentiamo anche una cortesia autentica, profonda. Al dunque è reale rispetto e considerazione per l'altro. Penelope Brown [42], pioniere degli studi sulla cortesia, la definisce "un modo particolare di trattare la gente, parlando e agendo così da tenere sempre in considerazione i sentimenti altrui".

Diversamente dalla cortesia superficiale, quella profonda e autentica non consiste semplicemente nel rispettare delle regole. Non possiamo avere realmente rispetto e considerazione di un altro senza calarci nel suo mondo. L'altro va valorizzato nella sua individualità, per le sue idee, i suoi sentimenti, i suoi interessi, le sue capacità, i suoi bisogni.

Di conseguenza quel che può servire a rispettare e considerare una persona in un dato momento potrebbe non andar bene per un'altra persona e persino per quella stessa persona in un altro momento. Questo fatto emerge chiaramente negli studi condotti con i diari, chiedendo alle persone di annotare gli episodi di cortesia e scortesia che capitano loro [43]. Non è il comportamento in sé che conta, ma come l'interessato lo percepisce soggettivamente. La cortesia autentica è come un abito su misura.

Le persone avvertono se sono trattate con cortesia autentica, se vengono rispettate e considerate. Come si accorgono di questo si rilassano nel rapporto con l'altro. È intuitivo che la cortesia abbia questo potere tranquillizzante. Possiamo farcene una ragione se riflettiamo sui meccanismi che provocano l'ansia sociale. Un clima di cortesia è in grado di contrastare tutti questi meccanismi.

Conflitto attenzionale. Siccome ci aspettiamo che le relazioni scorrano lisce, non dobbiamo impiegare troppe risorse per gestirle e possiamo tranquillamente pensare a quel che stiamo facendo.

Timore del giudizio altrui. Se pensiamo che gli altri ci rispettano e ci considerano siamo meno preoccupati dei loro giudizi. Non ci aspettiamo di essere messi in discussione, ma semmai di avere critiche costruttive, utili più che temibili.

Timore di incidenti relazionali. In un clima di cortesia le persona hanno buoni motivi per pensare che le relazioni vadano avanti in modo soddisfacente, senza disagi, fallimenti penosi e minacce al sé.

Reazione automatica innata di vigilanza. Essendo innata e automatica, la reazione di vigilanza c'è anche se il clima è di cortesia. Tuttavia si spegne presto. Le reazioni automatiche a uno stimolo vanno soggette naturalmente a un calo d'intensità. È un meccanismo di regolazione dei riflessi presente nell'uomo e negli animali che va sotto il nome di *abituazione* [44].

La cortesia autentica tende a eliminare anche l'opacità, porta gli altri ad aprirsi e a farsi leggere più facilmente la mente. Se è autentica infatti c'è rispetto e considerazione per l'altro. Le tensioni sociali sono eliminate alla radice e non c'è ragione di mettersi sulla difensiva e chiudersi.

Circoli viziosi e virtuosi

La cortesia autentica è un abito su misura. È fatta do comportamenti tarati su ciò che l'altro pensa e sente. Perciò richiede la lettura della mente: solo se leggiamo la mente dell'altro riusciamo a comportarci in modo da rispettarlo e considerarlo realmente. Non possiamo affidarci semplicemente a tecniche standard.

Ecco che si profila un movimento circolare. Leggiamo più facilmente la mente, se il clima è di autentica cortesia. D'altra parte riusciamo a essere autenticamente cortesi se riusciamo a leggerci la mente.

Possono crearsi circoli virtuosi e circoli viziosi. Nel virtuoso rispettiamo e consideriamo l'altro, si crea un clima di autentica cortesia, leggiamo facilmente la mente e così riusciamo a essere sempre più autenticamente cortesi e a leggere sempre meglio la mente. Nel vizioso la scortesia rende difficile la lettura della mente, la cattiva lettura della mente rende difficile aggiustare il

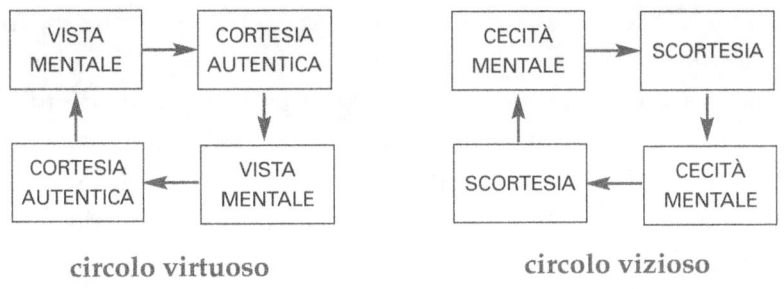

circolo virtuoso   circolo vizioso

tiro e cominciare a rispettare e considerare l'altro, si precipita sempre più in una spirale di cecità mentale e scortesia.

Attaccati ai piani e agli obiettivi

Siamo poco capaci di leggere la mente e mentalizzare se abbiamo in mente precisi piani e obiettivi cui siamo attaccati. Un agente di commercio può farsi un piano di come si muoverà nel colloquio con un dato cliente. Potrebbe persino avere dei piani standard, magari appresi in qualche corso di tecniche di vendita: prima si fa..., poi si passa a..., quindi..., ecc. Facilmente poi avrà obiettivi cui tiene molto, relativi sia a risultati economici, sia di relazione col cliente.

L'attaccamento ai piani e agli obiettivi ci porta ad essere autocentrati, a ripiegarci su noi stessi. Facciamo fatica a decentrarci cognitivamente e socialmente (pagg. 36 e 37).

Fidarsi del piano che abbiamo in mente vuol dire credere che il modo in cui vediamo noi le cose sia la realtà e che non c'è altro modo di vederle. Per mentalizzare dobbiamo invece smetterla di credere in questo e cercare di capire come stanno realmente le cose nel lato mentale della comunicazione col cliente. In un certo senso il nostro piano è un'ideologia, una concezione della realtà che ci vincola. Gli antichi parlavano di accecamento ideologico.

Essere molto attaccati agli obiettivi favorisce l'ansia sociale. Gli obiettivi sono al tempo stesso economici e relazionali, per cui scatta il conflitto attenzionale (pag. 42), la difficoltà di ripartire le risorse tra compito economico e gestione della relazione. D'altra parte anche il timore dei giudizi e degli incidenti si fa sentire di più. Ne deriva una scarsa capacità di leggere la mente, che rischia di far precipitare in un circolo vizioso: dato che leggiamo male la mente, controlliamo poco quel che accade e siamo sempre più preoccupati.

Che fare allora? Ci vuole l'arte del distacco. Dobbiamo imparare ad aggirare (pag. 14). Non siamo qui per seguire pedissequamente i nostri piani ed essere attaccati all'obiettivo, come galline che fissano il cibo attraverso la rete. Dobbiamo allontanarci dalle nostre convinzioni e da ciò che ci sta a cuore per mentalizzare, decifrare cosa accade realmente intorno a noi, orientarci e muoverci di conseguenza.

Quando le emozioni ci tradiscono

Le emozioni sono reazioni complesse, al tempo stesso fisiologiche, comportamentali e cognitive, scatenate da qualcosa che accade: l'*evento emotigeno*. Può trattarsi di eventi importanti, come di microeventi, anche semplicemente un ricordo che ci viene in mente o un atteggiamento che notiamo nell'altro.

Durante una comunicazione interpersonale facilmente capitano microeventi che suscitano emozioni: basta un commento a quello che stiamo dicendo, un sorriso, un distrarsi, una smorfia del nostro interlocutore o il fatto che ci accorgiamo di aver dimenticato di dire una cosa importante.

Non appena ci rendiamo conto dell'emozione, cominciamo a elaborarla mentalmente. Cerchiamo di capire che cosa l'ha scatenata, valutiamo la situazione, pensiamo a cosa fare alla luce di quel che abbiamo colto, cerchiamo di tenere sotto controllo l'emozione. Tutto questo lavoro sottrae risorse mentali. Come conseguenza la lettura della mente rischia di divenire meno accurata, più automatica e grossolana.

Presi dall'emozione, corriamo anche il rischio di essere meno obiettivi nei giudizi. Una vasta letteratura suggerisce che chi è emozionato commette più facilmente errori di giudizio [45, 46].

Contrariamente a quanto si potrebbe pensare, le emozioni positive spingono a dare giudizi superficiali più delle negative. Le migliori cantonate le prendiamo quando siamo contenti. Chi è soddisfatto sente meno il bisogno di approfondire la conoscenza delle cose. Se in una trattativa col cliente siamo felici perché abbiamo l'impressione di star portando a casa un buon risultato, quello è il momento d'imporsi di essere cauti e attenti a mentalizzare.

Le emozioni non si limitano a rendere meno accurata la lettura della mente perché sottraggono risorse mentali e possono renderci meno obiettivi. Nella misura in cui ci mettiamo a elaborarle, a lavorarci sopra, ci ripieghiamo in noi stessi, siamo autocentrati e facciamo fatica a decentrarci socialmente e cognitivamente (pagg. 36 e 37). Siamo concentrati su di noi invece che sull'altro e diamo più peso alle nostre convinzioni, tralasciando il punto di vista dell'altro.

Quando le emozioni ci aiutano

Sarebbe un errore pensare che le emozioni che nascono in noi durante un'esperienza di comunicazione siano solo di ostacolo alla lettura della mente. Possono anche agevolarla. Ci aiutano a leggere la mente se le prendiamo per quello che sono e le adoperiamo intelligentemente.

Le emozioni non sono altro che segnali che ci avvisano che nell'ambiente, intorno a noi, potrebbe esserci qualcosa che merita il nostro interesse e su cui riflettere. Spesso segnalano ostacoli o imprevisti che potrebbero impedire o rendere difficile il raggiungimento dei nostri obiettivi [47, 48]. A volte ci avvisano semplicemente che stiamo per arrivare alla nostra meta o che l'abbiamo raggiunta [49, 50].

Sono segnali dovuti al fatto che teniamo costantemente sotto monitoraggio l'ambiente e noi stessi per valutare se tutto è in armonia coi nostri bisogni e i nostri fini. Si parla di *appraisal*, valutazione [51]. È un monitoraggio che facciamo in automatico e che serve a richiamare la coscienza al solo sospetto che ci sia bisogno di analizzare la situazione e intervenire. Avere un monitoraggio automatico è vantaggioso, come avere un sistema di allarme antincendio in un edificio. Non riusciamo infatti a tenere tutto sotto controllo coscientemente.

Viste così, per quel che di fatto sono, le emozioni sono un aiuto ad analizzare le situazioni e renderci conto di quel che accade intorno a noi, pronti ad agire se e quando serve. Se sappiamo usarle, come le avvertiamo, facciamo un'analisi attenta, equilibrata e sufficientemente rapida della situazione e, se c'è da aggiustare qualcosa, lo facciamo. Altrimenti, se era un falso allarme, non facciamo nulla e andiamo avanti come prima.

Adoperate in questo modo le emozioni, lungi dall'ostacolare la lettura della mente, fanno di noi dei bravi lettori della mente. Ci concentriamo per un momento su di noi, ma subito dopo ci decentrimo e passiamo ad analizzare la situazione. Non sottraiamo risorse mentali alla lettura della mente, anzi ce le convogliamo. Non distorciamo i giudizi, al contrario siamo più equilibrati, dato che vagliamo distinguendo tra i segnali che meritano e quelli che vanno trascurati. Soprattutto siamo più attenti, in grado di non lasciarci sfuggire sviluppi della situazione che per noi contano.

Qual è la difficoltà? Abitualmente siamo portati o a scacciare le emozioni o a lasciarci andare alle emozioni. Molto dipende dal fatto che le consideriamo passioni, forze che si agitano in noi e diamo a questi comuni segnali più importanza di quella che hanno. Per fare in modo che le emozioni ci siano di aiuto nella mentalizzazione dobbiamo considerarle né più né meno che segnali da leggere freddamente e razionalmente. Se ci comportiamo così sfoderiamo l'intelligenza emotiva, resa famosa dal best seller di Goleman [52, 53],

Ricapitoliamo alcuni consigli pratici

• *Evitiamo di affidarci semplicemente a tecniche.* Diffidiamo delle tecniche banali, teniamo presente che anche tecniche e strategie più serie hanno bisogno di essere adattate alla situazione.

• *Pensiamo innanzitutto a mentalizzare.* Cerchiamo di decifrare il lato mentale della comunicazione e dell'interazione col cliente.

• *Arriviamo preparati, ma dimentichiamoci la preparazione.* La prima cosa, la più importante, è decifrare la situazione nel suo lato mentale.

• *Aggiriamo.* Sfoderiamo la capacità di allontanarci dalla meta e dedicarci a capire quel che occorre per arrivare alla meta.

• *Studiamo.* Se approfondiamo abbastanza quel che si sa della comunicazione tra esseri umani e della mentalizzazione, quel che impariamo ci renderà più capaci. Più che aver imparato questa o quella cosa, conta la *forma mentis* che acquisiamo studiando.

• *Cerchiamo di creare un clima di cortesia autentica.* Spegneremo l'ansia sociale, eviteremo le tensioni e mentalizzeremo meglio.

• *Facciamo attenzione alle prime battute.* Se ci incanaliamo verso un clima di rispetto e considerazione reciproca, avremo più vista mentale e si avvierà un circolo virtuoso. Altrimenti rischiamo di cadere nella spirale di un circolo vizioso.

• *Sfruttiamo l'intelligenza emotiva.* Prendiamo le emozioni per quello che sono, consideriamole segnali che ci invitano a leggere la situazione in modo attento, equilibrato e sufficientemente rapido.

Un'esperienza che può aiutarci: tenere diari della cortesia e scortesia

Per essere autenticamente cortesi nelle situazioni che quotidianamente ci capitano occorre che siamo sensibili al problema.

Dobbiamo essere consapevoli del valore della cortesia e cercarla intenzionalmente. Dobbiamo anche essere capaci di afferrare subito quando il rapporto è cortese e quando invece sta scivolando nella scortesia. Abbiamo bisogno di affinare la percezione della cortesia-scortesia: è come se dovessimo dotarci di un radar, di un sistema di intercettazione.

Un sistema efficace per divenire più sensibili è tenere dei diari degli episodi di cortesia e di scortesia che capitano nella giornata. Per un periodo (ad esempio, una settimana) annotiamo gli episodi ai quali ci capita di assistere o di cui siamo protagonisti, nella veste di chi fa la cortesia o scortesia o di chi la riceve. In fondo al libro, in appendice, troviamo un modulo che può aiutarci, guidandoci nel tenere il diario. Sono diversi a seconda che si tratti di episodi di cortesia o di scortesia e a seconda che noi siamo in veste di spettatore, autore o ricevente (beneficiario o vittima).

La tecnica dei diari della cortesia-scortesia viene usata a scopo di ricerca. Per chi tiene i diari però l'esperienza è formativa.

Solitamente tendiamo a non far caso agli episodi di cortesia-scortesia o a dimenticarli presto, senza rifletterci. Per lo più i comportamenti cortesi ci sembrano normali, come dovuti. Lasciamo perdere molte scortesie per evitare di prendercela, per non renderci la vita spiacevole e per non rischiare di guastare i rapporti con gli altri.

C'è un'altra ragione per cui non vediamo molte scortesie: abbiamo bisogno di salvaguardare il nostro senso di giustizia. Se siamo noi gli autori della scortesia, accorgerci di averla commessa e rifletterci ci fa sentire in colpa, ingiusti. Se l'hanno commessa altri, abbiamo l'impressione che il mondo non sia così giusto come dovrebbe essere e questo ci fa stare a disagio. Preferiamo perciò far finta di nulla.

Dopo un po' che si tiene il diario si diventa attenti agli episodi di cortesia-scortesia. Si tende automaticamente a notarli e a valutarli.

I diari in cui si annotano gli episodi di scortesia hanno l'effetto di rendere meno tolleranti nei riguardi dei comportamenti scortesi. Dopo aver tenuto il diario le persone tendono a pretendere uno standard più elevato di rispetto e considerazione reciproca.

Si potrebbe pensare che diventare meno tolleranti porti a essere più conflittuali, a prendersela per tutte le scortesie che capitano e ad ingaggiare continuamente discussioni e litigi. Non è così. L'esperienza dei diari porta a essere più capaci di volgere in positivo gli episodi di scortesia. Impariamo che possiamo rispondere alla scortesia con la cortesia e che questo risulta vantaggioso.

Inizialmente ci troviamo alle prese con un dilemma: o facciamo finta di nulla o ci arrabbiamo. Non possiamo far finta di nulla perché dobbiamo tenere il diario, ma non possiamo neanche arrabbiarci, altrimenti tenere il diario diviene un incubo. Presto imbocchiamo la strada di rispettare e valorizzare proprio quelli che si sono comportati male. A questo punto scopriamo che la strategia è vincente, che gli altri restano spiazzati e di solito fanno marcia indietro. Del resto non hanno nessuna ragione di insistere a essere irriguardosi con persone che li trattano bene. Trovano preferibile aprirsi e intendersi con l'altro. Rispondere alla scortesia con la cortesia diviene così la nostra strategia abituale.

I diari in cui si annotano gli episodi di cortesia educano alla *prosocialità*. Si chiama così la tendenza a comportarsi in modo da favorire la cooperazione, la solidarietà e i buoni rapporti in seno alla società. Sforzarsi di essere giusti, essere altruisti, fare in modo di risultare simpatici agli altri e tendere a considerare gli altri simpatici sono altrettanti comportamenti prosociali.

Quando si tiene il diario della cortesia, si annotano più che altro episodi di *cortesia costruttiva*, non *difensiva*, cioè quelle cortesie tese a produrre un clima di buoni rapporti anche quando l'armonia non è minacciata. Le cortesie costruttive infatti si notano di più, in quanto sono gratuite: non c'è nella situazione una ragione per essere cortese, salvo il fatto che si desidera fare qualcosa di prosociale.

A forza di annotare episodi di cortesia costruttiva, le persone cominciano a riflettere sul valore che hanno i comportamenti prosociali e si abituano a metterli in atto. È come se prendessero coscienza del fatto che il funzionamento armonioso dei rapporti sociali non è qualcosa che esiste di per sé, ma che tutti noi siamo chiamati a costruire nelle piccole esperienze di tutti i giorni.

Imparare a decentrarsi con l'effetto sé-altro

Un sistema per migliorare la nostra abilità di decentrarci è svolgere un'attività di comunicazione, videoregistrarla e poi rivedersi nel filmato e discutere con qualcun altro della propria prestazione. Ad esempio, possiamo condurre un'intervista a un collega amico sul suo approccio al cliente e alla vendita. Dobbiamo farlo seriamente, anche se ci sarà una quota di finzione, dato che si tratta pur sempre di un'esercitazione e lo sappiamo tutti e due.

Fatta l'intervista e la ripresa video, riguardiamo il filmato. Conviene rivederlo assieme al collega che abbiamo intervistato ed eventualmente ad altri conoscenti che invitiamo a fare un'analisi assieme a noi.

Bisogna cercare di individuare i momenti in cui siamo riusciti a decentrarci e quelli in cui siamo rimasti autocentrati. Sugli episodio che troviamo interessanti intavoliamo una discussione, il più possibile essenziale e costruttiva, tesa a capire i problemi e le vie per risolverli. Vanno evitate le critiche gratuite, mentre sono bene accette le osservazioni tese ad analizzare le situazioni e ancor più i suggerimenti che fanno intravedere scenari alternativi.

Rivedersi in una videoregistrazione con l'intento di valutare le proprie prestazioni relazionali ci fa cambiare radicalmente prospettiva. Quando siamo immersi in un'esperienza sociale ci sentiamo protagonisti della vicenda. Vediamo quel che accade intorno a noi, momento per momento analizziamo la situazione e decidiamo come comportarci. Noi siamo quelli che agiscono e abbiamo ottime ragioni per agire come agiamo: in quella situazione bisognava fare così. Ad esempio, mentre sto conducendo l'intervista, noto che l'altro non mi segue in un passaggio e lo riporto al filo del discorso. Niente di più ovvio.

Quando ci rivediamo nel video, la prospettiva si capovolge. Non siamo più i protagonisti, ma uno dei partecipanti alla vicenda. Adesso vediamo noi come un altro, come se ci guardassimo dall'esterno. Non vediamo più i problemi che con le nostre azioni cercavamo di risolvere, notiamo invece le nostre azioni. Questo può farci cambiare idea sulla bontà di certe scelte. Ad esempio, rivedendomi nel filmato posso pensare di aver sbagliato a riportare l'intervistato al filo del discorso. Il mio richiamo lo ha messo sulla difensiva, ha finito per non dire una cosa importante che voleva dire e la qualità dell'intervista per un po' è peggiorata. Non ho capito realmente che cosa stava accadendo.

Errori del genere sono frequenti e sono dovuti proprio alla difficoltà a decentrarsi. Di solito chi conduce un'intervista è troppo preoccupato di condurre per decentrarsi. Così accade che, quando si guarda intorno, vede l'altro in termini generici e astratti. Non si rende conto che l'altro è un protagonista, uno che analizza la situazione e prende delle decisioni. Se ha agito in un modo, aveva i suoi motivi.

Rivedersi nel video ha l'effetto di trasformarci da noi stessi in qualcun altro: si parla di *effetto sé-altro*. Smettiamo di vederci come protagonisti di una vicenda che viviamo dall'interno e ci vediamo come vediamo gli altri, dall'esterno. Questo ci fa capire che anche gli altri si sentivano protagonisti come noi e avevano un lato interno. Come conseguenza ci accorgiamo immediatamente dei difetti di decentramento.

L'effetto se-altro è molto utile per cogliere e correggere i difetti di decentramento. Può essere però fonte di disagio. Quando, rivedendo il filmato, ci vediamo dall'esterno, diventiamo improvvisamente critici nei nostri confronti. Mentre prima giustificavamo i nostri comportamenti, perché ci apparivano dettati dalla situazione, ora ci resta difficile giustificarli. Pensiamo che, se abbiamo commesso certi errori, è colpa nostra. Non vediamo motivi nella situazione che ci hanno indotto a sbagliare. Vediamo solo noi che sbagliamo. Semmai nella situazione adesso vediamo motivi per comportarci diversamente. Prima non li avevamo visti perché non ci eravamo decentrati.

Bisogna sapere che valutare le proprie prestazioni rivedendosi nei filmati porta a mettersi in discussione e dare a questo fatto un valore costruttivo. Ci esercitiamo per migliorarci, non siamo perfetti. È naturale allora scoprire dei difetti nei nostri comportamenti. Non è in discussione ciò che siamo, ma solo quel comportamento. Del resto siamo qui per imparare a fare sempre meglio in situazioni analoghe.

Appendice

DIARIO DELLA CORTESIA/SCORTESIA

Annota gli episodi, per piccoli o grandi che siano. Scrivi il prima possibile dopo averli vissuti.

Episodio del _____ *Ora* _____

È stato un episodio di ☐ cortesia   ☐ scortesia

Ero in veste di ☐ spettatore ☐ autore ☐ destinatario

◆ *Racconta l'episodio liberamente, con naturalezza, come lo racconteresti a un amico.*
_____

◆ *Valuta il grado di cortesia/scortesia dell'episodio come lo hai percepito tu assegnandogli un punteggio da 1 (minima) a 7 (massima)* _____

◆ *Quale/i emozione/i ha suscitato in te l'episodio? Puoi indicarne una o, se credi, più di una. Se scegli di indicarne più di una, mettile in ordine di importanza per te scrivendo accanto a ciascuna 1, 2 e 3... L'elenco qui sotto può darti suggerimenti, ma può darsi che pensi a emozioni che qui non sono indicate.*

tristezza	senso di colpa	depressione	timidezza	vergogna	avversione
disgusto	insicurezza	paura	terrore	antipatia	disprezzo
odio	ostilità	ira	rabbia	noia	sorpresa
interesse	entusiasmo	esultanza	beatitudine	estasi	simpatia
amore	passione	contentezza	felicità	gioia	desiderio
brama					

_____

◆ *Se eri in veste di spettatore o autore, indica quale/i emozione/i pensi abbia suscitato la cortesia o la scortesia nel destinatario? Puoi prenderle dall'elenco riportato sopra o descriverne altre che hai in mente. Se ne indichi più di una precisa l'ordine d'importanza col numero.*
_____

◆ *Perché hai notato l'episodio? Spiegalo semplicemente come faresti parlando con un amico.*
_____

Lavori citati

1. Watzlawick P., Helmick-Beavin J., Jackson D.D. (1967) *Pragmatic of human communication. A study of interactional patterns, pathologies, and paradoxes.* New York: W.W. Norton & Co. Inc.; trad. it. *Pragmatica della comunicazione umana. Studio dei modelli interattivi, delle patologie e dei paradossi.* Roma: Astrolabio-Ubaldini editore, 1971

2. Gibbs R. (1986) On the psycholonguistics of sarcasm. *Journal of Experimental Psychology: General, 115,* 3-15

3. Glucksberg S. (2001) *Understanding figurative language. From metaphors to idioms.* Oxford: Oxford University Press

4. Millikan R (1984) *Language, thought, and other biological categories.* Cambridge (MA): MIT Press

5. Evans C., Marler P. (1994) Food calling and audience effects in male chickens, *Gallus Gallus*: Their relationships to food availability, courtship and social facilitation. *Animal Behaviour, 47,* 1159-1170

6. Levy J. (1972) Lateral specialization of the human brain: Behavioral manifestations and possible evolutionary basis. J.A. Kiger (Ed.) *The biology of behavior.* Corvallis (OR): Oregon State University Press

7. McGlone J. (1980) Sex differences in human brain asymmetry: A critical survey. *Behavioral and Brain Sciences, 3,* 215-263

8. Köhler W. (1917) *Intelligenzprüfungen an Antropoiden.* In «Atti dell'Accademia prussiana delle scienze»trad. it. *L'intelligenza delle scimmie antropoidi.* Firenze: Editrice Universitaria, 1960

9. Chomsky N. (1968) *Language and mind.* New York: Harcourt, Brace & Worldtrad; trad.it. Mente e linguaggio. In *Saggi linguistici,* 3. Torino: Boringhieri, 1969

10. Hockett C.F. (1963) The problem of universals in language. In J.H. Greenberg (Ed.) *Universals of language.* Cambridge (MA): MIT Press

11. Hockett C.F. (1960) The origin of speech. *Scientific American, 203,* 89-96

12. Hockett C.F., Altmann S.A. (1968) A note on design features. In T.A. Sebeok (Ed.) Animal communication. Bloomington: Indiana University Press; trad. it. *Zoosemiotica. Studi sulla comunicazione animale.* Milano: Bompiani, 1973

13. Ducrot O. (1972) *Dire et ne pas dire. Principes de sémantique linguistique.* Paris: Hermann

14. Brown P., Levinson S.C. (1978) Universals in language usage: Politeness phenomena. In E.N. Goody (Ed.) *Questions and politeness.* Cambridge: Cambridge University Press

15. Brown P., Levinson S.C. (1987) *Politeness: Some universals in language usage.* Cambridge: Cambridge University Press

16. Garfinkel H. (1967) *Studies in ethnomethodology.* Englewood Cliff (N.J.): Prentice Hall

17. D. Morris, Manwatching. *A field guide to human behaviour,* New York: Abrahams, 1977; trad. it. *L'uomo e i suoi gesti.* Miano: Mondadori, 1977.

18. Ekman P. (2001) *Telling lies: Clues to deceit in the marketplace, politics, and marriage.* New York: W.W. Norton; trad. it. *I volti della menzogna. Gli indizi dell'ingano nei rapporti interpersonali.* Firenze: Giunti, 1989

19. P. Di Giovanni (2007) Psicologia della comunicazione. Bologna: Zanichelli

20. Ghiglione R. (1986) *L'homme communiquant.* Paris: Colin

21. Ghiglione R. (1988) *La comunicazione è un contratto.* Napoli: Liguori

22. Baron-Cohen S. (1995) *Mindblindness: An essay on autism and theory of mind.* Cambridge (MA): MIT Press; trad. it. *L'autismo e la lettura della mente.* Roma: Astrolabio, 1997

23. Gruppo µ (Dubois J., Edeline F., Klinkenberg J.M., Ph. Minguet, Pire F., Trinon H.) (1970) *Rhétorique générale.* Paris: Librairie Larousse; trad. it. *Retorica generale.* Milano: Gruppo Editoriale Fabbri - Bompiani, Sonzogno, Etas S.p.A., 1976

24. Baron-Cohen S., Tager-Flusberg H., Cohen D. (2000) *Understanding other minds 2: Perspectives from cognitive neuroscience.* Oxford: Oxford University Press
25. Forsyth D.R. (1990) *Group dynamics.* Pacific Grove: Brooks/Cole
26. Kent M.V. (1996) Presence of others. In A.P. Hare, H.H. Blumberg, M.F. Davies e M.V. Kent (Eds.) *Small groups: An introdutction.* Westport (CN): Praeger
27. Sanders G.S., Baron R.S., Moore D.L. (1978) Distraction and social comparison as mediators of social facilitation effects. *Journal of Experimental Social Psychology, 14,* 291-303
28. Sanders G.S. (1983) An attentional process model of social facilitation. In A. Hare, H. Blumberg, V. Kent, M. Davies (Eds.) *Small groups.* London: Wiley
29. Groff B.D., Baron R.S., Moore D.L. (1983) Distractio, attentional conflict, and drivelile behavior. *Journal of Experimental Social Psychology, 19,* 359-380
30. Cottrell N.B. (1968) Performance in the presence of other human beings: Mere presence, audience and affiliation effects. In E.C. Simmel, R.A. Hoppe e G.A. Milton (Eds.) *Social facilitation and imitative behavior.* Boston: Allyn & Bacon
31. Henchy T., Glass D.C. (1968) Evaluation apprehension and the social facilitation of dominant and subordinate responses. *Journal of Personality and Social Psychology, 10,* 446-454
32. Dickerson S., Kemeny M. (2004) Acute stressors and cortisol responses: a theoretical integration and synthesis of laboratory research. *Psychological Bulletin, 130,* 355-391
33. Moore H.T. (1917) Laboratory tests of anger, fear, and sex interests. *American Journal of Psychology, 28,* 390-395
34. Allport F.H. (1920) The influence of the group upon association and thought. *Journal of Eperimental Psychology, 3,* 159-182
35. Travis L.E. (1925) The effect of a small audience upon eye-hand coordination. *Journal of Abnormal and Social Psychology, 20,* 142-146

36. Husband R.W. (1931) Analysis of methods in human maze learning. *Journal of Genetic Psychology, 39,* 258-278

37. Pessin J. (1933) The comparative effects of social and mechanical stimulation on memorizing. *American Journal of Psychology, 45,* 263-270

38. Zajonc R.B. (1965) Social facilitation. *Science, 149,* 269-274

39. Paulus P.B. (1983) Group influence on task performance and informational processing. In P.B. Paulus (Ed.), *Basic groups processes.* New York: Springer

40. Chajut E., Algom D. (2003) Selective attention improves under stress: Implications for theories of social cognition. *Journal of Personality and Social Psychology, 85,* 231-248

41. Elizuya B., Rochlofs K. (2005) Cortisol-induced impairments of working memory requires acute sympathetic activation. *Behavioral Neuroscience, 119,* 98-103

42. Brown P. (1980) How and why are women more polite: some evidence from a Mayan community. In S.M.C. Connel-Ginet, R. Barker, N. Forman (Eds.) *Women and language in literature and society.* New York: Praeger

43. P. Di Giovanni (2008) Che cos'è la cortesia? In AA.VV. *Economia della cortesia.* Roma: Carocci

44. Hagbarth K.E., Kugelberg E. (1958) Plasticity of the human abdominal skin reflex. *Brain, 81,* 305-318

45. Forgas J.P. (1991) *Emotion and social judgement.* Oxford: Pergamon Press

46. Forgas J.P. (1994) The role of emotion in social judgements. *European Journal of Social Psychology. 24*

47. Mandler G. (1975) *Mind and emotion.* New York: Wiley

48. Mandler G. (1984) *Mind and body: Psychology of emotions and stress.* New York: Norton

49. Oatley K., Johnson-Laird P.N. (1987) Towards a cognitive theory of emotions. *Cognition and Emotion, 1,* 29-50

50. Carver C.S., Scheier M.F. (1990) Origins and functions of po-

sitive and negative affect: A control process view. *Psychological Review, 97*, 19-35

51. Arnold M.B. (1960) *Emotion and personality.* New York: Columbia University Press

52. D. Goleman (1995) *Emotional Intelligence.* New York:Bantam Books, Random House Inc.; trad. it. *Intelligenza emotiva.* Milano: RCS Libri, 1997

53. Salovey P., Mayer J.D. (1990) Emotional intelligence. *Imagination, cognition and Personality, 9*, 185-211

Adele Bianchi, Parisio Di Giovanni,
Eugenio Di Giovanni
Empowerment.
Che cosa vuol dire?

L'empowerment è importante e oggi se ne parla in vari ambiti, dalla sanità alle aziende, all'economia, alle disuguaglianze sociali, ai problemi mondiali di sviluppo, all'educazione, alle sfide legate ai cambiamenti del mondo di oggi. Non è semplice, però capire esattamente di che cosa si tratta. Il libro comincia col mettere a fuoco il concetto alla luce della letteratura sull'argomento, ripercorre la storia dell'idea così com'è andata affermandosi nella seconda metà del Novecento e poi si addentra nel vivo dei problemi dell'empowerment: ripensare il potere, la leadership, la persuasione, la sfida della cognizione distribuita, della gestione del rischio, del paradosso dei life skills. È il primo dei "Quaderni dell'empowerment", rivolti a manager, professionisti, operatori di servizi, educatori, medici, pazienti e a tutti noi, in vario modo alle prese col problema di decifrare la realtà in cui siamo ed essere davvero protagonisti della nostra vita.

Parisio Di Giovanni
Psicologia della comunicazione

Un manuale, un classico del settore per capire la comunicazione

Fornisce le nozioni di base di psicologia e poi tratta
- *la comunicazione nel regno animale*
- *il linguaggio*
- *la comunicazione non verbale*
- *la comunicazione interpersonale*
- *persuasione e miscommunication*
- *la comunicazione attraverso i media*

Adele Bianchi e Parisio Di Giovanni
con la collaborazione di
Eugenio Di Giovanni

Dalla scrittura ai social media
Come cambiano le nostre vite

Le nostre vite stanno cambiando, rapidamente e forse più di quanto ce ne rendiamo conto. Le novità che stanno ridisegnando il mondo e le nostre vite sono molte e lo sviluppo dei media è una delle più importanti. Che cosa sta accadendo? Come si profila il futuro? La nostra vita privata? I rapporti con gli altri? La nostra conoscenza delle cose? Le nostre abilità mentali? La politica? L'istruzione? La sanità? Il lavoro e la vita nelle organizzazioni produttive?
Il libro ripercorre il progressivo sviluppo dei media dalla nascita della scrittura alle più recenti esplosioni tecnologiche per arrivare ad analizzare trasformazioni che stanno cambiando le nostre vite. Va oltre le visioni ideologiche, pessimistiche o utopiche, e pragmaticamente cerca di cogliere la realtà com'è.

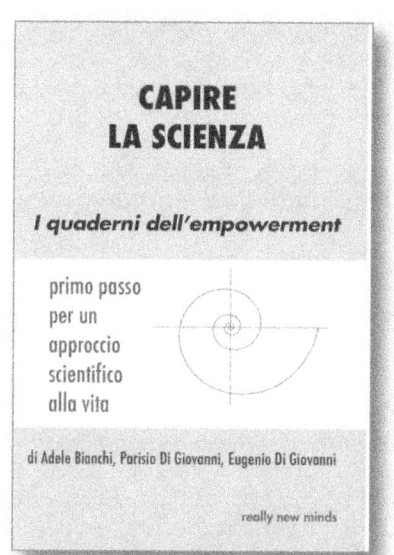

Adele Bianchi e Parisio Di Giovannii
Eugenio Di Giovanni

Capire la scienza
*Primo passo per un
approccio scientifico alla vita*

Siamo in presenza di un paradosso: nella nostra vita abbiamo sempre più bisogno di sviluppare approccio scientifico e sempre meno siamo capaci di approccio scientifico. Il modo di pensare scientifico può esserci di grande aiuto nelle decisioni di tutti i giorni. Capire cos'è la scienza – non ridurla al senso comune, né mitizzarla, aver chiaro come lavora e che cosa può dirci, non fraintendere quel che ci dice – è un primo passo verso lo sviluppo di un approccio scientifico alla vita.

Adele Bianchi e Parisio Di Giovanni
Mio fratello cancro

La cura del cancro sta cambiando, sia perché i progressi della ricerca ci fanno capire meglio com'è realmente questa malattia, sia perché il mondo di oggi richiede un approccio diverso. Curare il cancro non è semplicemente un problema tecnico, per cui non basta mettersi in buone mani o trovare il rimedio giusto. Il modo in cui pensiamo, comunichiamo, ci rapportiamo agli altri è decisivo. Spesso si pensa che occuparsi degli aspetti psicologici e sociali è solo di supporto. Invece è determinante per i risultati che otteniamo. Gli autori raccontano la storia incredibile di Helen e Leonard Bee, una storia vera che fa capire quanto contino certe cose spesso trascurate.

Parisio Di Giovanni
Errori di ragionamento in medicina

Quando ragioniamo la nostra mente commette abitualmente errori logici, per cui spesso sbagliamo modo di pensare e conclusioni cui arriviamo. Sono errori dovuti in parte ai nostri limiti. In parte però si spiegano perché quella umana è una mente sociale, fatta per cavarsela in mezzo agli altri, e per questo scopo certi modi di pensare non logici sono in genere vantaggiosi. Se però dobbiamo essere obiettivi, come accade quando siamo alle prese con un problema medico, non possiamo permetterci di commettere errori di ragionamento.

Really New Minds

Really New Minds è uno spin-off universitario. Prende le mosse dalla ricerca sulle nuove esigenze formative e organizzative legate alle sfide che i cambiamenti del mondo di oggi portano con sé. Sulla base di queste ricerche mira a sviluppare applicazioni di vario tipo e in vari campi, dall'uso dei media e delle nuove tecnologie alla gestione aziendale, la sanità, l'istruzione, la formazione degli adulti, al marketing e alla comunicazione.

visita il sito <Really New Minds>

ATSC

L'associazione Agenti Teramo Senza Confini opera da anni per offrire ai propri associati e all'intera categoria degli agenti di commercio l'opportunità di formarsi e aggiornarsi professionalmente attraverso un continuo processo di qualificazione. Vede nell'alta formazione un'occasione per ripensare la figura dell'agente di commercio e riconoscergli quel ruolo fondamentale che assume nell'attuale contesto socio-economico.

visita il sito <ATSC>